Gisela Hagemann

Methodenhandbuch Unternehmensentwicklung

Gisela Hagemann

Methodenhandbuch Unternehmensentwicklung

Ist-Situation analysieren,
Strategie entwickeln,
Marke positionieren

Mit vielen Arbeitsblättern und Checklisten

GABLER

Bibliografische Information Der Deutschen Bibliothek
Die Deutsche Bibliothek verzeichnet diese Publikation in der Deutschen Nationalbibliografie;
detaillierte bibliografische Daten sind im Internet über <http://dnb.ddb.de> abrufbar.

1. Auflage Mai 2003

Alle Rechte vorbehalten
© Betriebswirtschaftlicher Verlag Dr. Th. Gabler/GWV Fachverlage GmbH, Wiesbaden 2003

Lektorat: Ulrike M. Vetter

Der Gabler Verlag ist ein Unternehmen der Fachverlagsgruppe BertelsmannSpringer.
www.gabler.de

Umschlaggestaltung: Nina Faber de.sign, Wiesbaden
Illustrationen: Theodor A. Simonin, Montpellier, Frankreich
Satz: FROMM MediaDesign GmbH, Selsters/Ts.
Druck und buchbinderische Verarbeitung: Wilhelm & Adam, Heusenstamm
Gedruckt auf säurefreiem und chlorfrei gebleichtem Papier
Printed in Germany

ISBN 3-409-12402-0

Inhaltsverzeichnis

4 Wie gehen wir miteinander um? Methoden zur Schaffung einer kreativen Unternehmenskultur 111

5 Wie erreichen wir gemeinsam unsere Ziele? Methoden zur Team- und Projektarbeit 177

Einleitung

Das Ziel

Das Ziel des vorliegenden Handbuchs ist es, Führungskräften, Personalentwicklern, Beratern, Trainern und Coachs modernes Methodenwissen für die Unternehmens-, Organisations- und Persönlichkeitsentwicklung zu vermitteln.

Der Weg

Der Weg, um die Zukunft aktiv zu gestalten, besteht darin, eine klare gemeinsame Strategie zu entwickeln, diese überzeugend – nach innen und nach außen – zu kommunizieren und unbeirrt zu verfolgen. Das bedeutet, aus der Opferrolle (schuld sind immer andere oder die äußeren Umstände) herauszukommen und selbst Verantwortung zu übernehmen (handeln statt reagieren). Dazu braucht man gute Werkzeuge.

Das Resultat

Die Belohnung sind stärkeres Selbstbewusstsein, mehr Einfluss und Kontrolle und damit bessere Resultate.

Veränderungsprozesse in Unternehmen und Behörden dauern oft unnötig lange und stiften viel Verwirrung. Die Anwendung von kreativen und effizienten Denk- und Arbeitsmethoden, wie sie in diesem Handbuch beschrieben werden, erleichtern und verkürzen den Veränderungsprozess wesentlich. Dann dauert die Entwicklung eines Leitbildes nicht mehr 17 Monate, sondern nur noch drei Tage.

Die aktive Einbindung der Mitarbeiter verringert den Widerstand gegen das Neue, begünstigt ein schnelles Umsetzen von Entscheidungen und führt damit zu einer besseren Qualität der erzielten Ergebnisse.

Der Zuwachs an Methodenkompetenz hilft Entscheidungsträgern in Unternehmen und Behörden, das im Unternehmen bereits vorhandene Wissen besser zu nutzen und damit viel Geld für externe Berater zu sparen. Wenn der Sachverstand von Externen jedoch unabdingbar ist, hilft ein gutes Eigenverständnis für Methoden der Unternehmensentwicklung, eine bewusstere Auswahl von Beratern, Trainern und Coachs zu treffen.

In vielen Fällen bringt das Einbeziehen externer Helfer Vorteile. Sie sehen alles mit frischen Augen. Sie sind frei von internen Abhängigkeiten. Sie sind emotional nicht von internen Konflikten betroffen und können deshalb einen Veränderungsprozess objektiver steuern.

Die Rolle von Externen verändert sich vom Berater in spezifischen Sachfragen zum Facilitator – der es dem Unternehmen leichter macht, schnell von allen getragene Lösungen zu finden. Die in diesem Handbuch beschriebenen Methoden liefern dazu das Handwerkszeug.

Das Buch gliedert sich in fünf Schwerpunkte:

1. **Image:** Methoden zur Neupositionierung der Marke

2. **Ist-Analyse:** Methoden zur Bestandsaufnahme

3. **Zukunft:** Methoden zur Entwicklung von Leitbildern, Visionen und Zielen

4. **Umgang miteinander:** Methoden zur Schaffung einer kreativen und offenen Unternehmenskultur

5. **Gemeinsam Ziele erreichen:** Methoden zur Team- und Projektarbeit

1 Wie gewinnen wir neue Kunden? Methoden zur Neupositionierung der Marke

Der Kunde ist anspruchsvoll und kritisch. Selbst wenn er einmal ein Produkt gekauft hat, ist das noch lange keine Garantie dafür, dass er diesem auch die Treue hält. Die Neupositionierung der Marke bindet die Kunden langfristig an das Unternehmen.

Vom zufriedenen Kunden zum treuen Kunden

Kundenbindung erfordert mehr als Kundenzufriedenheit. Studien (Betsy Sanders, Fabled Service, siehe auch Literaturverzeichnis) zeigen, dass 85 Prozent der Kunden „zufrieden" sind. Trotzdem sind sie bereit, den Lieferanten zu wechseln. Nur vier Prozent der unzufriedenen Kunden beschweren sich. Ganze 96 Prozent ärgern sich im Stillen – und kaufen das nächste Mal woanders!

Diese „schweigende Mehrheit" stellt ein beachtliches Umsatzpotenzial dar. Denn es ist fünfmal teurer, einen neuen Kunden zu gewinnen, als einen vorhandenen Kunden zu halten. Die Erhöhung der Kundenbindung um nur fünf Prozent verbessert den Profit um 20 bis zu 50 Prozent.

Wenn ein Unternehmen einen Kunden verliert, verliert es damit nicht nur den nächsten Auftrag, sondern auch alle künftigen Aufträge, die dieser sonst erteilt hätte. Zudem berichtet jeder unzufriedene Kunde circa zehn anderen Personen über seine unangenehmen Erfahrungen mit dieser Firma. Das Image des Unternehmens ist in Gefahr. Ein zufriedener Kunde erzählt demgegenüber nur drei anderen potenziellen Kunden über seine guten Erfahrungen (Hilger Veenema, Sofort mehr Umsatz mit Stammkunden, siehe Literaturverzeichnis).

Sind zum Beispiel 70 von 100 Kunden mit einem Unternehmen zufrieden, werden sich diese insgesamt 70 x 3 = 210 Mal positiv über Angebot und Service äußern. Jedoch kritisieren 30 Abnehmer das Unternehmen 30 x 10 = 300 Mal und sorgen so für ein schlechtes Image am Markt.

Anteil zufriedener Kunden	Anteil positiver Mundpropaganda	Anteil negativer Mundpropaganda
Angaben in Prozent		
70	41	59
75	47	53
80	55	45
85	63	37
90	73	27
95	85	15
97	91	9
99	97	3

Quelle: Hilger Veenema, Sofort mehr Umsatz mit Stammkunden

Kundenzufriedenheit und Mundpropaganda

Die Konsequenz daraus: Erst wenn 90 Prozent der Kunden zufrieden sind, kann ein Unternehmen davon ausgehen, dass es in drei von vier Fällen von potenziellen Kunden positiv beurteilt wird. Deshalb ist es der Mühe wert herauszufinden, was der Kunde wirklich wünscht:

■ Was erwartet unser Kunde? Was tun wir, um diese Erwartungen zu übertreffen?

■ In welchen Bereichen ist es sinnvoll, gemeinsam mit Kunden und Lieferanten neue Produkte und Dienstleistungen zu entwickeln?

■ Wie lassen sich unsere Kundenbeziehungen noch weiter verbessern?

Kundenorientierung schafft zufriedene Kunden. Langfristig zufriedene Kunden werden zu treuen Kunden. Treue Kunden geben Folgeaufträge.

Ganze 95 Prozent unserer Entscheidungen haben eine emotionale Basis. Persönliche Wertschätzung und offene Kommunikation schaffen Vertrauen. In einem Klima des gegenseitigen Vertrauens ist es leichter, auch schwierige Fragen anzusprechen und potenzielle Missverständnisse schon im Vorfeld aus dem Wege zu räumen.

Was erwarten Ihre Kunden von Ihnen?

1. Der Verkäufer hält sein Versprechen ein.
2. Der Verkäufer kennt sich mit dem Produkt beziehungsweise der Dienstleistung aus.
3. Das Produkt funktioniert beziehungsweise die Dienstleistung erfolgt wie versprochen.
4. Der Verkäufer ist ehrlich.
5. Die Mitarbeiter im Kundendienst sind zuverlässig.
6. Die Mitarbeiter im Kundendienst sind kompetent.
7. Der Mitarbeiter im Kundendienst widmet dem Kunden seine volle Aufmerksamkeit.
8. Das Produkt wird pünktlich geliefert beziehungsweise die Dienstleistung pünktlich erbracht.
9. Das Produkt beziehungsweise die Dienstleistung ist von gleichbleibender Qualität.
10. Dem Anbieter kann man vertrauen.
11. Der Mitarbeiter im Kundendienst bietet prompten Service.
12. Die Mitarbeiter im Kundendienst sind jederzeit hilfsbereit.
13. Der Kundendienst informiert über den Zeitpunkt der Serviceleistung.
14. Der Kundendienstmitarbeiter ist leicht zu erreichen.
15. Der Kundendienstmitarbeiter versteht die Sorgen des Kunden.

Erfolgreiche Unternehmen geben ihren Kunden einen Mehrwert über den reinen Produktnutzen hinaus. Sie laden ihre Kunden zu Workshops ein, um gemeinsam über mögliche Verbesserungen zu diskutieren. Dabei lernt der Kunde kreative Denk- und Arbeitstechniken, die er auch in seinem eigenen Unternehmen zur Optimierung der Prozesse und Entwicklung von neuen Ideen einsetzen kann. Begeisterung schaffen vor allem „Die sechs Hüte des Denkens" und „Laterales Denken" nach Edward de Bono (siehe www.edwdebono.com und Literaturverzeichnis) und Mind Mapping nach Tony Buzan (siehe www.mind-map.com und Literaturverzeichnis).

Markenidentität nach innen und nach außen

Die Positionierung einer Marke erfordert die Entwicklung einer neuen:

- Unternehmensvision (**Beispiel:** Nummer 1 für kundenfokussierte, modulare Kommunikationslösungen.

- Mission (**Beispiel:** Prozesse auf Kommunikationsbedürfnisse des Kunden ausrichten, exzellente Beratung und Service, weltweites Netzwerk).

- Definition und Fokussierung auf das Kerngeschäft (**Beispiel:** Vernetzung von Internet und Telefon).

- Formulierung des Markenversprechens (zum **Beispiel** in Form eines einprägsamen Slogans wie: „Mit uns sind Sie überall erreichbar").

Der nächste Schritt besteht darin, die Neupositionierung der Marke – existierenden und potenziellen künftigen Kunden – zu vermitteln und im Herzen der eigenen Mitarbeiter zu verankern.

Ziele für eine starke Marke

Ziel für die Neupositionierung einer Marke ist der nachhaltige Unternehmenserfolg. Die drei wichtigsten Teilziele sind in diesem Zusammenhang:

1. Stärkung der Wettbewerbsfähigkeit durch Schaffung von Mehrwert für den Kunden (zum Beispiel: zusätzlich zu hoher Qualität von Produkten und Leistungen auch Übertreffen der Kundenerwartungen bei immateriellen, weichen Werten).

2. Identifikation der Mitarbeiter mit dem Unternehmen und der Marke.

3. Stärkung des Images der Marke bei Interessenten, Banken und Investoren.

Stark im Wettbewerb

Die Stärkung der Wettbewerbsfähigkeit erfolgt über langfristige Kundenbeziehungen und wirkungsvolles Auftreten am Markt. Mit Werbung allein ist es jedoch nicht getan. Entscheidend für den langfristigen Erfolg ist, dass die durch das Markenversprechen geweckte Erwartung des Kunden mit seiner persönlichen Erfahrung beim Kauf von Produkten und Dienstleistungen übereinstimmt. Wenn Anspruch und Wirklichkeit allzu weit auseinanderklaffen, büßt das Unternehmen an Glaubwürdigkeit ein. Auch gute Werbung kann gebrochenes Vertrauen nur mühsam wieder herstellen. Deshalb ist es wichtig, dass jeder einzelne Mitarbeiter genau weiß, was die Marke verspricht (Information) und was er selbst dazu beitragen kann, von der Marken-Vision zur Wirklichkeit zu kommen (Mitwirkung).

Mit dem folgenden Fragenkatalog finden Sie heraus, ob Anspruch und Wirklichkeit des Markenversprechens in Ihrem Unternehmen übereinstimmen:

	schlecht	weniger gut	befriedi-gend	gut	sehr gut
Qualität: Entsprechen die Produkte und Dienstleistungen den geweckten Erwartungen?					
Anspruch und Wirklichkeit: Erlebt der Kunde im persönlichen Kontakt mit den Mitarbeitern des Unternehmens die versprochenen Werte als real?					
Führungsstil: Transparenz: Erklärt der Vorgesetzte, warum er etwas tut?					
Konsequenz: Sind die Führungskräfte konsequent? Tun sie, was sie sagen? Oder predigen sie öffentlich Wasser und trinken heimlich Wein?					
Authentizität: Ist der Manager authentisch? Sagt er, was er meint, und meint er, was er sagt?					
Integrität: Sind die Führungskräfte integer? Oder geht es ihnen nur darum, die eigene Macht zu sichern?					

Fragenkatalog zum Markenversprechen

Ganzheitliches Denken ist angesagt. Doch interne Profitcenter begünstigen isolierte Insellösungen. Jeder denkt nur an seinen eigenen Vorteil. Das ist innerhalb seines Mikrokosmos rational. Doch das Gesamtwohl des Unternehmens bleibt dabei häufig auf der Strecke.

Ein gutes internes Zusammenspiel im Unternehmen und die gegenseitige Vernetzung erfordern die Identifikation der entscheidenden Schnittstellen. Es ist Aufgabe der Unternehmenskommunikation, dafür zu sorgen, dass die Übergabe von Information an den Schnittstellen reibungslos vonstatten geht.

Die ideale Situation besteht dann, wenn die Entwicklung der Marke Hand in Hand mit einer neuen strategischen Ausrichtung des Unternehmens geht. Die rasche Umsetzung der Strategie hängt wiederum von der Unternehmenskultur ab. Sie kann Öl oder Sand im Getriebe sein. Denn Veränderungen des Markenimages setzen Veränderungen in den Verhaltensweisen der Mitarbeiter gegenüber Kunden und anderen Interessenten voraus. Es nutzt wenig, die Marke als „freundlich" zu positionieren, wenn der erste Kontakt eines Besuchers mit den Empfangsdamen im Foyer „unfreundlich" ist.

Die Positionierung der Marke nach außen ist zugleich Unternehmensentwicklung nach innen.

Der nachhaltige Erfolg einer Führungskraft ist umso größer, je mehr seine Mitarbeiter in ihr ein Vorbild sehen. Oder um es mit Immanuel Kants Kategorischen Imperativ (1788) zu sagen: Handle so, dass die Maxime deines Willens jederzeit zugleich als Prinzip einer allgemeinen Gesetzgebung gelten könnte.

Ein Manager, der sich vorzugsweise mit persönlichen Freunden, Verwandten und Studienkollegen umgibt, ist in Gefahr, den Kontakt zur Wirklichkeit zu verlieren. Wenn alle immer nur mit dem Kopf nicken, fallen die Entscheidungen auf einer falschen Grundlage. Als Gegengewicht zu den Ja-Sagern braucht er einen „Advokat des Teufels", der die Entscheidung – vor ihrer Umsetzung – kritisch hinterfragt.

Einladung zum Mitdenken

Wichtigste Voraussetzungen für die Identifikation der Mitarbeiter mit der Marke sind Information, Kommunikation und ihre Einbindung in die Lösungsfindung. Die Vorteile einer aktiven Mitwirkung liegen auf der Hand:

- Bessere Nutzung der Kompetenz der Mitarbeiter: Die Einladung zum Mitdenken und Handeln stärkt das Selbstwertgefühl („Mein Chef hört auf mich. Ich werde gebraucht"). Motivation und Effizienz steigen. Das Unternehmen nutzt alle vorhandenen Ressourcen.

- Bindung der Mitarbeiter an das Unternehmen: Ein zufriedener Mitarbeiter widersteht Headhuntern und verlockenden Jobangeboten der Konkurrenz. Mitarbeiter binden heißt Kosten vermeiden für die Rekrutierung von neuen. Kompetenz, Kontakte und Netzwerke bleiben im Unternehmen.

- Bessere Lösungen durch engeren Kundenkontakt: Ein motivierter Mitarbeiter fängt die Signale des Kunden auf und denkt über mögliche Verbesserungen nach. Ein offener Dialog mit dem Kunden, gegenseitiger Erfahrungsaustausch und interdisziplinäre Teamarbeit schaffen Synergie-Effekte.

Vom guten Image profitieren

Wichtig ist die Stärkung des Images der Marke bei externen Interessenten wie Banken, Anlegern, potenziellen Kunden, Jobkandidaten, aber auch freiwilligen Organisationen und Behörden. Ein positives Image hilft dem Unternehmen in allen Lebenslagen:

- Beschaffung von Kapital: Ein gutes Image bringt Pluspunkte beim Gespräch mit dem Banker.

- Ausgabe von neuen Aktien: Der Anleger kauft bevorzugt Aktien von Unternehmen, die er kennt und denen er vertraut.

- Neukunden-Akquisition: Ein gutes Image macht neugierig und motiviert dazu, der Marke eine Chance zu geben.

- Mitarbeitermarketing: Ein gutes Image zieht die klügsten Köpfe an und bindet sie an das Unternehmen.

- Freiwillige Organisationen: Ein Unternehmen, das gesellschaftliche Verantwortung beweist, ist besser gefeit gegen Boykott-Aktionen von Interessengruppen (zum Beispiel im Bereich Umweltschutz, Entwicklungsländer usw.)

- Wirtschaft und Politik: Ein gutes Image erleichtert den Dialog zwischen Wirtschaft und Politik.

So entwickeln Sie eine Marken-Identität

Eine Marke unterscheidet sich von anderen im Hinblick auf:

▶ Produkt

▶ Service

▶ Qualifikation der Mitarbeiter

▶ Image

(Die unterschiedlichen Differenzierungsmerkmale stammen aus dem Buch von Kotler/Blom, Marketing Management, siehe auch Literaturverzeichnis. Den Fragenkatalog hat die Autorin entwickelt.)

▶ Differenzierung nach dem Produkt

Für die Produktdifferenzierung bieten sich folgende Varianten an:

- Differenzierung nach neuen Produkteigenschaften und Extraausstattung

- Differenzierung nach Leistung

- Differenzierung nach Verlässlichkeit

- Differenzierung nach Haltbarkeit

- Differenzierung nach Instandsetzung

- Differenzierung nach Design

Differenzierung nach neuen Produkteigenschaften und Extraausstattung

Eine der effektivsten Wettbewerbsstrategien ist es, mit einer neuen Produkteigenschaft als erster auf dem Markt zu sein – vorausgesetzt, das Unternehmen trifft den Geschmack der Kunden.

Fragen für ein unternehmensinternes Brainstorming:

- Welche speziellen Eigenschaften haben unsere Produkte im Vergleich zum Wettbewerb?
- Welche zusätzliche Ausstattung bieten wir unseren Kunden im Vergleich zur Standardlösung?
- Welche Kundengruppen schätzen die speziellen Eigenschaften/zusätzliche Ausstattung besonders?
- Wie groß ist diese Kundengruppe?
- Wie wecken wir mit unserer Extraausstattung die Fantasie der Kunden?
- Wie gewinnen wir mit unserer Extraausstattung neue Kundengruppen?
- Wie leicht ist es für die Mitbewerber, diese speziellen Eigenschaften/Extraausstattung nachzuahmen?

Fragen an die Kunden:

- Wie gefällt Ihnen unser Produkt?
- Gibt es besondere Eigenschaften unseres Produktes, mit denen Sie unzufrieden sind?
- Gibt es besondere Eigenschaften, die Sie sich noch zusätzlich wünschen? Welche?
- Wie viel wären Sie bereit, für diese Extraleistung zu bezahlen?
- Was ist Ihre Meinung zu folgenden Produkteigenschaften, die andere Kunden bei uns nachgefragt haben? (Liste von Vorschlägen unterbreiten)

Fragen nach der Extraausstattung lassen sich nach dem gleichen Muster entwickeln.

Differenzierung nach Leistung

Der Kunde ist in der Regel bereit, für mehr Leistung mehr Geld zu bezahlen – vorausgesetzt, die subjektiv empfundene Wertsteigerung rechtfertigt den höheren Preis.

Fragen zur Bewertung der Leistung:

- Inwiefern erkennt der Kunde die Extraleistung?
- Inwiefern schätzt der Kunde die Extraleistung?
- In welchem Grad ergibt eine Leistungssteigerung eine erhöhte Rendite?
- In welchem Grad ist der Kunde bereit, für eine bessere Qualität einen höheren Preis zu zahlen?
- Inwiefern resultiert eine Qualitätsverbesserung in einer höheren Rendite?
- Wo verläuft die Grenze zwischen erwünschten Qualitätsverbesserungen und überflüssigen technischen Spielereien?
- Wie kann das Unternehmen eine kontinuierliche Verbesserungsstrategie entwickeln und umsetzen?

Differenzierung nach Verlässlichkeit

Der Kunde bezahlt mehr für Produkte, wenn das Markenversprechen in der Werbung mit dem eigenen Kauferlebnis übereinstimmt. Ebenso sind die Kunden bereit, mehr Geld für zuverlässige Produkte auszugeben. Denn Reparaturen und Leerlaufzeiten sind teuer.

Fragen nach der Zuverlässigkeit von Produkten und Dienstleistungen:

- Was tun wir, um das Markenversprechen einzulösen?
- Wie erhöhen wir die Zuverlässigkeit unserer Produkte und Dienstleistungen?
- Wie vermindern wir die Fehlerquote?
- Wie verpflichten wir unsere Lieferanten zu Qualitätsverbesserungen?
- Wie kommunizieren wir unseren Kunden die verbesserte Leistung?

Differenzierung nach Haltbarkeit

Der Kunde bezahlt mehr für ein haltbares Produkt. Die Ausnahme von der Regel sind stark modeabhängige Kleidungsstücke oder sich schnell ändernde technologische Produkte wie Computer, Handys und digitale Kameras usw.

Fragen nach der Haltbarkeit:

- Warum ist für unsere Kunden Haltbarkeit wichtig?
- Für welche Kunden ist Haltbarkeit wichtig?
- Wie verlängern wir die Lebensdauer unserer Produkte?
- Wie haltbar ist haltbar genug?
- Wann ist die Schnelligkeit des Markteintritts wichtiger als die Haltbarkeit der Produkte?

Differenzierung nach Instandsetzung

Ein Produkt, das aus vielen Standardteilen oder austauschbaren Modulen besteht, ist leichter zu reparieren als ein hoch komplexes, maßgeschneidertes Produkt.

Fragen nach der Instandsetzung:

- Welche Kundengruppen sind daran interessiert, auftretende Schäden selbst zu beheben?
- Wie unterstützen wir sie dabei?
- Wie verbessern wir die Leistungen des Call Centers?
- Wie verbessern wir die Beratung des Kunden?
- Wie erleichtern wir die Arbeit für den unternehmensinternen Support?
- Wie vermindern wie die Anzahl der Besuche von Servicekräften vor Ort?

Differenzierung nach Design

Design ist mehr als Dekoration. Design ist ein wichtiger Teil der strategischen Unternehmensführung. Die Produkte werden sich immer ähnlicher. Mit Worten allein ist es schwer, den Kampf um die Aufmerksamkeit zu gewinnen. Das Design kommuniziert die neue Strategie des Unternehmens in einer visuellen Sprache. Design als Wettbewerbsfaktor hat den Vorteil, dass es schwierig zu kopieren ist.

Fragen zum Design als Wettbewerbsfaktor:

- Wie grenzen wir uns mit Hilfe von Design von unseren Mitbewerbern ab?
- Wie schaffen wir mit Design eine gemeinsame Identität?
- Wie passt unser Design zu unserer Unternehmenskultur?
- Womit wollen wir am Markt sichtbar werden?
- Wie können wir die Kernwerte der Marke in eine Leitidee transformieren?
- Wie schaffen wir Eindeutigkeit und einen hohen Wiedererkennungswert?

▶ Differenzierung nach Service

Wenn es schwierig ist, nach dem physischen Produkt zu differenzieren, liegt der Schlüssel zum Erfolg in einer Verbesserung der Servicequalität:

- Differenzierung nach Lieferbedingungen
- Differenzierung nach Hilfe bei der Installierung
- Differenzierung nach Schulung und Beratung
- Differenzierung nach weiteren Leistungen

Differenzierung nach Lieferbedingungen

Der Käufer schätzt Lieferanten, die Ihre Ware pünktlich und zuverlässig liefern.

Fragen zur Differenzierung nach Lieferbedingungen:

- Wie verbessern wir die Schnelligkeit der Lieferung?
- Wie verbessern wir die Pünktlichkeit?
- Wie verbessern wir den persönlichen Kontakt zum Kunden?
- Wie erhöhen wir die Zuverlässigkeit der Lieferung?
- Wie erhöhen wir die Flexibilität in Bezug auf Kundenwünsche?

Differenzierung nach Hilfe bei der Installierung

Fragen zur Differenzierung nach der Installierung:

- Wie verbessern wir unseren Service bei der Installation vor Ort?
- Wie sorgen wir dafür, dass alle Bestellungen gleichzeitig beim Kunden eintreffen?
- Wie erhöhen wir die Verständlichkeit von schriftlichen Anleitungen und Gebrauchsanweisungen?
- Wie erhöhen wir die Fachkompetenz unserer Installateure?
- Wie verbessern wir die Umgangsformen unserer Installateure (Sauberkeit, Höflichkeit, Pünktlichkeit usw.)?

Differenzierung nach Schulung und Beratung

Fragen zur Differenzierung nach Schulung und Beratung:

- Wie differenzieren wir ein standardisiertes Produkt durch Zusatzleistungen im Bereich Schulung und Beratung?
- Wie schulen wir die Mitarbeiter des Kunden darin, die gelieferten Produkte sachgemäß und effektiv zu nutzen?
- Wie verbessern wir die Erfolgsaussichten unserer Kunden durch Schulung?
- Wie stärken wir die Kundenloyalität durch Beratung?
- Für welche Art von Schulung und Beratung ist der Kunde gewillt zu bezahlen?

Differenzierung nach weiteren Leistungen

Fragen zur Differenzierung nach weiteren Leistungen:

- Wie machen wir unsere Garantieleistungen für den Kunden noch attraktiver?
- Wie unterscheiden wir uns von der Konkurrenz durch unsere Serviceverträge?
- Wie differenzieren wir uns durch unsere Rabattpolitik?
- Welche Preisvorteile erhalten unsere Kunden durch unsere Vernetzung mit anderen Unternehmen (zum Beispiel Payback-Systeme)?
- Welche weiteren Leistungen erwarten die Kunden?

▶ Differenzierung nach Qualifikation der Mitarbeiter

Ein Unternehmen, das hoch qualifizierte Mitarbeiter beschäftigt und diesen die Möglichkeit zur ständigen persönlichen und fachlichen Weiterentwicklung gibt, schafft sich einen Wettbewerbsvorteil:

- Differenzierung nach Kompetenz
- Differenzierung nach Freundlichkeit
- Differenzierung nach Zuverlässigkeit
- Differenzierung nach Glaubwürdigkeit
- Differenzierung nach Schnelligkeit
- Differenzierung nach Kommunikationsfähigkeit

Differenzierung nach Kompetenz

Fragen zur Differenzierung nach Kompetenz:

- Was wissen wir über das Wissen im Unternehmen?
- Wie identifizieren und verstärken wir dieses Wissen?
- Wie nutzen wir das vorhandene Wissen?
- Welche Kompetenz besitzen unsere Mitarbeiter, die unsere Mitbewerber nicht haben?
- Wie fördern wir die fachliche Weiterentwicklung unserer Mitarbeiter?

Differenzierung nach Höflichkeit

Fragen zur Differenzierung nach Höflichkeit:

- Wie höflich sind unsere Mitarbeiter zum Kunden?
- Wie bemüht sind unsere Mitarbeiter, die Wünsche des Kunden zu erfüllen?
- Wie zuvorkommend sind unsere Mitarbeiter?
- Wie erhöhen wir die Kundenorientierung noch weiter?
- Wie erhöhen wir die soziale Kompetenz unserer Mitarbeiter?

Differenzierung nach Zuverlässigkeit

Fragen zur Differenzierung nach Zuverlässigkeit:

- Wie zuverlässig sind unsere Mitarbeiter?
- Wie erhöhen wir den Grad an Zuverlässigkeit?
- Wie oft kommt es vor, dass Versprechungen nicht eingehalten werden?
- Wie verbessern wir unser Beschwerdemanagement?
- Wie positionieren wir unsere Zuverlässigkeit als Wettbewerbsfaktor?

Differenzierung nach Glaubwürdigkeit

Fragen zur Differenzierung nach Glaubwürdigkeit:

- Wie glaubwürdig sind unsere Führungskräfte?
- Wie glaubwürdig ist unser Markenversprechen?
- Wie glaubwürdig ist unser Leitbild?
- Wie glaubwürdig sind unsere Kundenversprechen im Vergleich zu unseren Mitbewerbern?
- Wie positionieren wir unsere Glaubwürdigkeit als Wettbewerbsfaktor?

Differenzierung nach Schnelligkeit

Fragen zur Differenzierung nach Schnelligkeit:

- Wie schnell bearbeiten wir Kundenanfragen (per Brief, E-Mail, Telefon)?
- Wie schnell lösen wir Probleme?
- Wie schnell reagieren wir auf Veränderungen am Markt?
- Wie schnell erkennen wir neue Trends?
- Wie positionieren wir unsere Schnelligkeit als Wettbewerbsfaktor?

Differenzierung nach Kommunikationsfähigkeit

Fragen zur Differenzierung nach Kommunikationsfähigkeit:

- Wie klar kommunizieren wir intern und extern mit Kunden und Interessenten?
- Wie erhöhen wir die Überzeugungskraft unserer Kommunikation?
- Wie verbessern wir die zwischenmenschliche Kommunikation?
- Was tun wir, um unsere Kunden noch besser zu verstehen?
- Wie stärken wir unsere kommunikativen Fähigkeiten?

▶ Differenzierung nach Image

Produkte und Dienstleistungen ähneln einander immer mehr. Das Image eines Unternehmens oder einer Marke verhilft dem Kunden zu unterschiedlichen Wahrnehmungen bei sonst kaum zu unterscheidenden Angeboten.

Das Image konzentriert sich auf eine einzige Botschaft: den größten Vorteil des Produktes oder der Dienstleistung. Die Kunst besteht darin, diese Botschaft auf eine unverwechselbare Art und Weise zu vermitteln. Sie bleibt umso mehr im Gedächtnis haften, wenn nicht nur der Verstand, sondern auch das Gefühl angesprochen wird.

Fragen zur Differenzierung nach Image:

- Wie konsequent vermitteln wir unsere Corporate Identity im Firmenlogo, in Anzeigen und Katalogen, auf Visitenkarten, Briefpapier, Broschüren, Website?
- Welches Image vermitteln Gebäude und Büroausstattung dem Besucher?
- Wie fördern wir unser Image durch Sponsoring? Wen wollen wir sponsern?
- Wie verbessern wir unser Image auf dem Markt?
- Wie erzielen wir eine bessere Übereinstimmung zwischen Image und Wirklichkeit?

Aufmerksamkeit wecken und in Erinnerung bleiben

Um Aufmerksamkeit zu wecken und in Erinnerung zu bleiben, gibt es Tipps und Tricks. Tony Buzan (Tony Buzan, Das Mind Mapping Buch, siehe Literaturverzeichnis) hat das Akronym *Smashin Scope* entwickelt. Es besteht aus zwölf Punkten, die auf der folgenden Seite anschaulich dargestellt werden.

Auf dieser Seite finden Sie ein Bild. Testen Sie selbst, welche Elemente von Smashin Scope in diesem Bild enthalten sind.

Wie fühlen Sie sich heute?

35-jähriger Vertriebsleiter: „Ich fühle mich wie ein Hamster, der sein Tretrad unermüdlich dreht und immer nur die nächste Sprosse erklimmt, ohne jemals weiter in die Ferne zu sehen, geschweige denn voranzukommen."

Smashin Scope

S   Sinnlichkeit (Synästhesie)
Je mehr eine Botschaft alle fünf Sinne anspricht (sehen, hören, fühlen, riechen, schmecken), desto mehr Aufmerksamkeit erregt sie, und desto stärker bleibt sie in Erinnerung.

M   Movement/Bewegung
Eine überzeugende Botschaft lässt in den Köpfen der Empfänger einen Film mit Handlung ablaufen. Sie zeichnet mit Worten mentale Bilder, in denen sich etwas bewegt – wo etwas passiert.

A   Assoziation
Das Gehirn verknüpft die Information, die bereits gespeichert ist, mit Information, die neu hinzu kommt. Eine einprägsame Botschaft schafft Assoziationen mit etwas Positivem, an das man sich gern erinnert.

S   Sexualität
Jeder Mensch hat auf dem Gebiet der Sexualität ein gutes Gedächtnis. Deshalb sind leicht bekleidete, hübsche junge Mädchen und gut gewachsene Männer die Lieblingsobjekte der Werbefotografen.

H   Humor
Je humorvoller die mentalen Bilder sind, desto einprägsamer sind sie.

I   Imagination/Fantasie
Die Fantasie ist der Motor des Gehirns. Je mehr eine Botschaft an die kreative Vorstellungskraft des Empfängers appelliert, desto mehr bleibt sie im Kopf hängen. Deshalb wirken Verkaufstexte am besten, wenn sie das Interesse wecken, aber nicht im Detail verraten, worum es bei dem Produkt geht.

N   Nummern/Zahlen
Zahlen stimulieren die linke Gehirnhälfte und unterstreichen die Seriosität der Botschaft. Nummerieren schafft Ordnung und Übersicht.

S   Symbole
Ein Symbol stärkt den Wiedererkennungswert der Marke. Deshalb ist es wichtig, das Logo eines Unternehmens oder einer Marke mit Bedacht zu wählen. Symbole sind konkrete Gegenstände (zum Beispiel der Apfel bei Apple), Farben (zum Beispiel blau bei IBM), Düfte (zum Beispiel das Parfum Passion von Elizabeth Taylor) oder auch Musikstücke und bestimmte Töne.

C   Colour / Farbe
Die Beschränkung auf eine einzige Farbe ist monoton. Monoton ist langweilig. Das Gehirn langweilt sich und vergisst. Farben sind attraktiv und stärken das Gedächtnis.

O   Ordnung/Gruppierung/Reihenfolge
Eine künstlerische Gruppierung von Texten und Bildern erzeugt Spannung. Was spannend ist, prägt sich leichter in das Gedächtnis ein.

P   Positive mentale Bilder
Ein Bild sagt mehr als tausend Worte. Positive mentale Bilder schaffen eine gute Atmosphäre.

E   Exaggeration/Übertreibung
Übertreibung verführt zum Lächeln. Ein Lächeln schafft gute Stimmung – auch zum Kauf.

2 Wo kommen wir her? Wo sind wir jetzt? Methoden zur Analyse der Ist-Situation

Um ein Unternehmen zum Erfolg zu führen, müssen die Führungskräfte wissen, was sie wollen, wie sie es erreichen und welche Ressourcen sie zum Erreichen des Ziels benötigen.

Die Frage nach dem „Was?" richtet sich auf Visionen, Ziele und Strategien. Wo wollen wir in drei oder fünf Jahren sein? Wer macht was, wann, wo, wie und warum?

Die Frage nach dem „Wie?" bezieht sich auf den Weg zum Ziel. Dabei spielen Führungsphilosophie und Unternehmenskultur eine zentrale Rolle. Die Spielregeln im Umgang miteinander entscheiden über Sieg oder Niederlage: Denken und machen die Mitarbeiter mit oder sind sie längst in der inneren Kündigung? Ein Mitarbeiter, der sich fragt: „Soll ich bleiben oder gehen?", macht seine Antwort nicht nur von der Höhe des Gehaltes abhängig, sondern auch davon, ob ethische Werte wie Vertrauen und gegenseitiger Respekt von der Führung vorgelebt oder nur vorgetäuscht werden. Wenn er zur Konkurrenz geht, verschwinden mit ihm auch Wissen, Erfahrung und Kontakte aus dem Unternehmen.

Ressourcen sind vor allem die fachliche Kompetenz, die kreative Vorstellungskraft und die zielfokussierte Einsatzbereitschaft der Mitarbeiter. Wie entwickeln und nutzen wir das vorhandene Potenzial? Wie machen wir das Unternehmen attraktiv für kompetente neue Mitarbeiter?

Um die Frage „Wo wollen wir hin?" zu beantworten, ist es wichtig, die Wirklichkeit zu sehen, wie sie ist:

- Wo sind wir jetzt?
- Warum tun wir, was wir tun?
- Warum haben wir damals angefangen, es zu tun – es so zu tun?
- Gilt dieser Grund noch immer?
- Was würde passieren, wenn wir es nicht mehr täten?
- Welche Alternativen gibt es?

Sobald der Denkprozess auf oberster Führungsebene ein gutes Stück vorangekommen ist, gilt es, die Mitarbeiter aktiv in die Denkarbeit mit einzubinden. Das heißt Information, Kommunikation und Mitwirkung.

Intranet und Unternehmensfernsehen decken das Bedürfnis nach Information. Kommunikation erfordert den persönlichen Dialog miteinander – von oben nach unten, von unten nach oben und quer durch das Unternehmen.

Eine offene Kommunikation stärkt die Motivation. Es gibt weniger Missverständnisse. Die Produktivität steigt.

Ist-Analyse (1): Stärken und Schwächen

Die Analyse der Ist-Situation erfordert eine Bestandsaufnahme der:

▶ Unternehmensführung

▶ Unternehmenskultur

▶ Prozesse und Abläufe

▶ Produkte und Dienstleistungen

▶ Finanzen

▶ Marktsituation

▶ Rahmenbedingungen

▶ Unternehmensführung

Die Analyse der Unternehmensführung bezieht sich auf:

■ Zukunftserwartungen, Ziele und Strategien

■ Planung und Kontrolle

■ Zusammenarbeit im Top-Management-Team

■ Nachfolge und Führungsnachwuchs

■ Erfolgsfaktoren

Zukunftserwartungen, Ziele und Strategien

Die folgenden Fragen helfen Ihnen, die Ist-Situation in Ihrem Unternehmen in Bezug auf Zukunftserwartungen, Ziele und Strategien zu analysieren.

Fragen in Bezug auf Zukunftserwartungen, Ziele und Strategien:

● Wie sieht die übergeordnete Zielsetzung des Top-Managements für die Zukunft Ihres Unternehmens aus?

● Wie informiert das Top-Management über seine Absichten? Wie viel Prozent der Mitarbeiter im gesamten Unternehmen kennen die Ziele und Strategie des Top-Managements so gut, dass sie diese einem Kollegen erklären könnten?

● Was macht das Top-Management, um im Führungsteam und bei den Mitarbeitern Identifikation mit diesen Zielen zu schaffen?

● In welche konkreten Teilziele lässt sich die übergeordnete Zielsetzung herunterbrechen?

● Wie klar sind Ziele und Teilziele definiert?

● Was ist Ihr gegenwärtiges Kerngeschäft?

● Wollen Sie bei diesem Fokus bleiben oder die Richtung ändern?

● In welchem Grad spiegelt Ihr jetziger Einsatz von Ressourcen Ihren gegenwärtigen Fokus wider?

● Warum sollten Sie eventuell eine Veränderung wollen? Was wäre dann anders als bisher?

● Wie weit sind Sie bereits auf dem Weg zur Zielerreichung gekommen?

● Welche Erfolge haben Sie zu verbuchen?

● Wie stellt das Top-Management sicher, dass jeder Mitarbeiter weiß, was er persönlich zur Erreichung dieser Ziele beitragen kann und soll?

● Welche finanziellen und nicht-materiellen Anreize gewährt das Management zur Zielerreichung?

● Welche Strategie hat das Top-Management zur Zielerreichung?

● Wie gut sind diejenigen, die für die Umsetzung der Strategie verantwortlich sind, über deren Inhalte informiert?

● Wie steht es um die praktische Durchführbarkeit der Strategie? (Machbarkeit, Akzeptanz, Probleme bei der Umsetzung)

- Wie passen Ziele und Strategien zu den verfügbaren Ressourcen? (Zeit, Geld, Personal, technologisches Know-how, Verfahren, Prozesse, Abläufe, Motivation der Beteiligten)
- Inwiefern passen Ziele und Strategien zum Unternehmensleitbild und zur Unternehmenskultur?
- Inwiefern spiegeln Ihre Ziele und Strategien Ihre ethische Grundüberzeugung und gesellschaftliche Verantwortung wider?
- Welche Auswirkungen haben Ihre Ziele und Strategien auf Ihr Image am Markt?
- Inwiefern unterstützt die Personalpolitik (Personalmarketing und Personalentwicklung) die Erreichung dieser Ziele und Umsetzung von Strategien?
- Wie realistisch ist der Zeitplan für die Umsetzung Ihrer Strategie?
- Welche Werte (zum Beispiel Vertrauen, gegenseitiger Respekt, offene Kommunikation usw.) sehen Sie als Richtschnur Ihres Handelns an?
- Wie groß ist die Übereinstimmung zwischen Anspruch und Wirklichkeit?
- Wie überzeugend spielen die Führungskräfte die Rolle eines Vorbildes für Ihre Mitarbeiter?

Bitte benennen Sie die fünf wichtigsten Erfolgskriterien in Bezug auf Ihre Zukunftserwartungen, Ziele und Strategien und bewerten Sie den Ist-Zustand in Ihrem Unternehmen auf einer Skala von „sehr gut" bis „schlecht":

Kriterium	schlecht	weniger gut	befriedigend	gut	sehr gut

Planung und Kontrolle

Die folgenden Fragen helfen Ihnen, die Ist-Situation in Ihrem Unternehmen in Bezug auf Planung und Kontrolle zu analysieren.

Fragen in Bezug auf Planung und Kontrolle:

- Welche Form von Planung und Kontrolle führt Ihr Unternehmen durch?
- Was sind die Stärken und Schwächen dieses Planungsprozesses?
- Warum benutzen Sie ausgerechnet dieses Management-Informationssystem?
- Weiß das Top-Management zu jeder Zeit, was im Unternehmen vor sich geht?
- Welche Formen der Berichterstattung sind sinnvoll? Wie häufig?
- Welche Alternativen gibt es?

Bitte benennen Sie die fünf wichtigsten Erfolgskriterien in Bezug auf Planung und Kontrolle, und bewerten Sie die Ist-Situation in Ihrem Unternehmen auf einer Skala von „sehr gut" bis „schlecht":

Kriterium	schlecht	weniger gut	befriedigend	gut	sehr gut

Zusammenarbeit im Top-Management-Team

Die folgenden Fragen helfen Ihnen, die Ist-Situation in Ihrem Unternehmen bezüglich der Zusammenarbeit im Top-Management-Team zu analysieren.

Fragen in Bezug auf Zusammenarbeit im Top-Management-Team:

- Wie gut arbeitet das Top-Management als Team zusammen?
- Wie „gemeinsam" sind Ziele und Werte?
- Wie verpflichtet fühlen sich die einzelnen Mitglieder des Führungsteams, die postulierten Werte im Leitbild des Unternehmens selbst vorzuleben?
- Wie gut sind die Mitglieder der Geschäftsleitung/des Vorstands über Ziele und Aktivitäten der Kollegen informiert?
- Wie gut stimmen sich die Mitglieder im Führungsteam vor Entscheidungen miteinander ab?

Bitte benennen Sie die fünf wichtigsten Erfolgskriterien in Bezug auf die Zusammenarbeit im Top-Management-Team, und bewerten Sie die Ist-Situation in Ihrem Unternehmen auf einer Skala von „sehr gut" bis „schlecht":

Kriterium	schlecht	weniger gut	befriedigend	gut	sehr gut

Nachfolge und Führungsnachwuchs

Die folgenden Fragen helfen Ihnen, die Ist-Situation in Ihrem Unternehmen in Bezug auf Nachfolge und Führungsnachwuchs zu analysieren.

Fragen in Bezug auf Nachfolge und Führungsnachwuchs:

● Welche Vorbereitung trifft die Führung für die Nachfolge?
● Wer hält Ausschau nach talentiertem Führungsnachwuchs?
● Wer wählt mögliche Nachfolger aus und arbeitet diese ein?
● Welche Anreize gibt es für Manager, ihre Mitarbeiter zu fördern und zu fordern?
● Wie fördert Ihr Unternehmen talentierte Jung-Manager (High Potentials)?

Bitte benennen Sie die fünf wichtigsten Erfolgskriterien in Bezug auf Nachfolge und Führungsnachwuchs und bewerten Sie die Ist-Situation in Ihrem Unternehmen auf einer Skala von „sehr gut" bis „schlecht":

Kriterium	schlecht	weniger gut	befriedi- gend	gut	sehr gut

Erfolg

Die folgenden Fragen helfen Ihnen, die Ist-Situation in Ihrem Unternehmen in Bezug auf die wichtigsten Erfolgskriterien zu analysieren.

Fragen in Bezug auf die wichtigsten Erfolgskriterien:

● Wie messen Sie den Erfolg?
● Was hat das Top-Management bisher erreicht?
● Was ist das Geheimnis Ihres Erfolges (Werte, Verhaltensweisen, Handeln)?
● Wie mobilisieren Sie diese Erfolgsfaktoren auch in der Zukunft?
● Wie feiern Sie Ihre Erfolge?

Bitte benennen Sie die fünf wichtigsten Voraussetzungen für Ihren unternehmerischen Erfolg und bewerten Sie die Ist-Situation in Ihrem Unternehmen anhand einer Skala von „sehr gut" bis „schlecht":

Kriterium	schlecht	weniger gut	befriedi- gend	gut	sehr gut

▶ Unternehmenskultur

Die Analyse der Ist-Situation bezüglich der Unternehmenskultur bezieht sich auf:

- Kreativität und Wissen
- Netzwerke
- Arbeitsklima
- Information und Kommunikation
- Einbindung der Mitarbeiter

Kreativität und Wissen

Die folgenden Fragen helfen Ihnen, die Ist-Situation in Ihrem Unternehmen in Bezug auf Kreativität und Wissen zu analysieren:

Fragen in Bezug auf Kreativität und Wissen:

- Was weiß das Top-Management über das Wissen im Unternehmen?
- Was tut das Management, um die Kreativität der Mitarbeiter freizusetzen?
- Wie ist die Lernbereitschaft des Managements?
- Wie ist die Lernbereitschaft der Mitarbeiter?
- Welche Möglichkeiten zum Lernen haben die Mitarbeiter?
- Was unternimmt das Management, um die Entwicklung von neuen Ideen zu stimulieren?
- Wie ist die Akzeptanz von neuen und ungewöhnlichen Ideen?
- Wie steht es um die Umsetzung von neuen Ideen?
- Welche Erfahrung hat das Unternehmen mit E-Learning gemacht?
- Wie hoch sind Veränderungswille und Veränderungsfähigkeit im Unternehmen?
- Wie geht das Management mit Widerständen gegen Neues um?

Bitte benennen Sie die fünf wichtigsten Erfolgskriterien in Bezug auf Kreativität und Wissen und bewerten Sie die Ist-Situation in Ihrem Unternehmen anhand einer Skala von „sehr gut" bis „gut":

Kriterium	schlecht	weniger gut	befriedigend	gut	sehr gut

Netzwerke

Die folgenden Fragen helfen Ihnen, die Ist-Situation in Ihrem Unternehmen in Bezug auf Netzwerke zu analysieren:

Fragen in Bezug auf Netzwerke:

- Über welche Netzwerke verfügt das Top-Management?
- Wie nutzt das Top-Management diese Netzwerke?
- Wie bauen Sie Ihre Netzwerke weiter aus?
- Wie stärken Sie Ihre Netzwerke?
- Wie teilen Sie Ihre Netzwerk-Kontakte miteinander?

Bitte benennen Sie die fünf wichtigsten Erfolgskriterien in Bezug auf Netzwerke und bewerten Sie die Ist-Situation in Ihrem Unternehmen auf einer Skale von „sehr gut" bis „schlecht":

Kriterium	schlecht	weniger gut	befriedigend	gut	sehr gut

Arbeitsklima

Die folgenden Fragen helfen Ihnen, die Ist-Situation in Ihrem Unternehmen in Bezug auf das Arbeitsklima zu analysieren:

Fragen in Bezug auf das Arbeitsklima:

- Wie ist das Arbeitsklima im Management-Team?
- Wie ist das Arbeitsklima im Unternehmen als Ganzem?
- Wie motivieren Sie Ihre Mitarbeiter zu Spitzenleistungen?
- Was tun Sie, um die Arbeitsaufgaben Ihrer Mitarbeiter interessant und abwechslungsreich zu gestalten?
- Wie schätzen Sie das Verantwortungsbewusstsein Ihrer Mitarbeiter ein?
- Wie gehen Sie mit Konflikten um?
- Wie schätzen Sie die Risikobereitschaft im Unternehmen ein?
- Wie gehen Sie mit Fehlern um?
- Wie ist das physische Arbeitsmilieu (Räumlichkeiten, Büroausstattung, Qualität der Luft, Lärmbelastung usw.)?

Bitte benennen Sie die fünf wichtigsten Erfolgskriterien in Bezug auf das Arbeitsmilieu und bewerten Sie die Ist-Situation in Ihrem Unternehmen auf einer Skala von „sehr gut" bis „schlecht":

Kriterium	schlecht	weniger gut	befriedigend	gut	sehr gut

Information und Kommunikation

Die folgenden Fragen helfen Ihnen, die Ist-Situation in Ihrem Unternehmen bezüglich Information und Kommunikation zu analysieren:

Fragen in Bezug auf Information und Kommunikation:

- Inwiefern stellt das Top-Management sicher, dass der Informationsfluss im jeweiligen Verantwortungsbereich gut funktioniert?
- Welche Informationskanäle sind (a) zweckmäßig, (b) weniger zweckmäßig?
- Wie erreicht das Management schnell viele Mitarbeiter gleichzeitig?
- Wie zufriedenstellend funktioniert das Intranet?
- Wie funktionieren die anderen Informationskanäle im Unternehmen (zum Beispiel Business TV, Mitarbeiterzeitungen, offene Foren, andere)?
- Wie offen ist die zwischenmenschliche Kommunikation im Unternehmen?
- Wie bewerten Sie die Qualität der Feedbackprozesse zwischen Vorgesetztem und Mitarbeiter (Lob und Anerkennung, konstruktive Kritik, totaler Mangel an Feedback)?

Bitte benennen Sie die fünf wichtigsten Erfolgskriterien in Bezug auf Information und Kommunikation und bewerten Sie diese auf einer Skala von „sehr gut" bis „schlecht":

Kriterium	schlecht	weniger gut	befriedigend	gut	sehr gut

Einbindung der Mitarbeiter

Die folgenden Fragen helfen Ihnen, die Ist-Situation in Ihrem Unternehmen in Bezug auf die Einbindung der Mitarbeiter zu analysieren:

Fragen in Bezug auf die Einbindung der Mitarbeiter:

- Welche Möglichkeiten haben Mitarbeiter, ihr Wissen und ihre Erfahrung bei der Entscheidungsfindung mit einzubringen?
- Wie klar ist der Handlungsspielraum der Mitarbeiter definiert?
- Nach welchen Kriterien wählen Sie die Teilnehmer an Besprechungen und Projektarbeit aus?
- Wie schulen Sie die Leiter von Besprechungen und Projektarbeit, um ihrer Rolle als Facilitator/Moderator gerecht zu werden?
- Welche Methoden für die Durchführung von Besprechungen und Projektarbeit haben sich als (a) zweckmäßig, (b) weniger zweckmäßig erwiesen?
- Wie schaffen Sie klare Linien und Verantwortlichkeiten, wenn Ihre Mitarbeiter neben ihrer normalen täglichen Arbeit noch in Projekten mit einem völlig anderem Fokus mitarbeiten?
- Wie vermeiden Sie Zielkonflikte zwischen dem Tagesgeschäft und der Mitarbeit in Projekten? Welche Freiräume gewähren Sie?
- Welche Formen der Delegation von Verantwortung haben sich (a) als zweckmäßig, (b) als weniger zweckmäßig erwiesen?
- Wie stärken Sie die Bereitschaft der Mitarbeiter, Verantwortung zu übernehmen?
- Wie hoch ist Ihre Fehlertoleranz? Wie analysieren Sie Ihre Fehler? Wie passen Sie Strategie und Handlung an Ihre neu gewonnenen Einsichten an? Wie schaffen Sie ein Klima, in dem es möglich ist, aus Fehlern zu lernen?

Bitte benennen Sie die fünf wichtigsten Erfolgskriterien in Bezug auf die Einbindung der Mitarbeiter und bewerten Sie die Ist-Situation in Ihrem Unternehmen anhand einer Skala von „sehr gut" bis „sehr schlecht":

Kriterium	schlecht	weniger gut	befriedigend	gut	sehr gut

▶ **Interne Prozesse und Abläufe**

Effizienz der Arbeitsabläufe und Routinen

Die folgenden Fragen helfen Ihnen, die Ist-Situation in Ihrem Unternehmen in Bezug auf die Effizienz der Prozesse, Arbeitsabläufe und Routinen zu analysieren:

Fragen in Bezug auf die Effizienz der Prozesse, Arbeitsabläufe und Routinen:
● Wie effizient sind die internen Prozesse und Abläufe im Unternehmen?   ● Wie effizient sind Ihre Arbeitsroutinen?   ● Wie effizient sind Ihre Besprechungen?   ● Wie effizient ist die Team- und Projektarbeit?   ● Wie funktioniert die Kommunikation an den Schnittstellen?

Bitte benennen Sie die fünf wichtigsten Erfolgskriterien in Bezug auf Prozesse und Abläufe und bewerten Sie die Ist-Situation in Ihrem Unternehmen anhand einer Skala von „sehr gut" bis „schlecht":

Kriterium	schlecht	weniger gut	befriedigend	gut	sehr gut

▶ **Produkte und Dienstleistungen**

Die Analyse der Produkte und Dienstleistungen bezieht sich auf:

■ Rentabilität

■ Qualität

■ Innovation

Rentabilität

Die folgenden Fragen helfen Ihnen, die Ist-Situation in Ihrem Unternehmen bezüglich der Rentabilität zu analysieren:

Fragen in Bezug auf Rentabilität:

- Welche Produkte und Dienstleistungen bieten wir an?
- Wie ist der jeweilige Verkaufserfolg?
- Was sind die Kosten für jedes unserer Produkte und Dienstleistungen?
- Was sind die Gewinnmargen?
- Wie ist die Rentabilität?

Bitte benennen Sie die fünf wichtigsten Erfolgskriterien in Bezug auf Rentabilität und bewerten Sie die Ist-Situation in Ihrem Unternehmen auf einer Skala von „sehr gut" bis „schlecht":

Kriterium	schlecht	weniger gut	befriedi- gend	gut	sehr gut

Qualität

Die folgenden Fragen helfen Ihnen, die Ist-Situation in Bezug auf die Qualität Ihrer Produkte und Dienstleistungen zu analysieren:

Fragen in Bezug auf die Qualität Ihrer Produkte und Dienstleistungen:

- Wie zufrieden sind Sie mit der Qualität Ihrer Produkte und Dienstleistungen?
- Wie zufrieden sind Ihre Kunden mit der Qualität Ihrer Produkte und Dienstleistungen? Woher wissen Sie das? Wie messen Sie die Kundenzufriedenheit?
- Was tun Sie zur Verbesserung der Qualität Ihrer Produkte und Dienstleistungen?
- Welchen Mehrwert bieten Sie Ihren Kunden zusätzlich zu den Produkteigenschaften?
- Wie beziehen Sie Ihre Kunden und Lieferanten in die Qualitätssicherung mit ein?
- Wie motivieren Sie Ihre Mitarbeiter zur kontinuierlichen Verbesserung der Qualität?

Bitte benennen Sie die fünf wichtigsten Erfolgskriterien in Bezug auf Qualität und bewerten Sie die Ist-Situation in Ihrem Unternehmen anhand einer Skala von „sehr gut" bis „schlecht":

Kriterium	schlecht	weniger gut	befriedigend	gut	sehr gut

Innovation

Die folgenden Fragen helfen Ihnen, die Ist-Situation in Ihrem Unternehmen in Bezug auf Ihre Innovationsfähigkeit zu analysieren:

Fragen in Bezug auf Ihre Innovationsfähigkeit:

- Wie viel Prozent des Umsatzes entfällt auf neue Produkte und Dienstleistungen?
- Wie beziehen Sie Kunden und Lieferanten in die Forschung und Entwicklung mit ein?
- Welche kreativen Denktechniken und innovativen Arbeitsmethoden benutzen Sie, um die Innovationsfähigkeit Ihres Unternehmens zu stärken?
- Wie fördern Sie die Innovationsbereitschaft Ihrer Mitarbeiter?
- Wie stärken Sie die Kaufbereitschaft Ihrer Kunden für Ihre Innovationen?
- Welche neuen Trends sehen Sie am Markt? Wie wollen Sie darauf reagieren?

Bitte benennen Sie die fünf wichtigsten Erfolgskriterien in Bezug auf Innovation und bewerten Sie die Ist-Situation in Ihrem Unternehmen anhand einer Skala von „sehr gut" bis „schlecht":

Kriterium	schlecht	weniger gut	befriedigend	gut	sehr gut

▶ Finanzen

Die Analyse der Ist-Situation im Unternehmen bezüglich der Finanzen bezieht sich auf:

- ▪ Shareholder Value
- ▪ Liquidität
- ▪ Spezielle Kosten
- ▪ Spezielle Ereignisse

Shareholder Value

Die folgenden Fragen helfen Ihnen bei der Analyse der Ist-Situation in Ihrem Unternehmen in Bezug auf den Shareholder Value:

Fragen in Bezug auf den Shareholder Value:

- ● Wie hoch ist Ihre Dividende?
- ● Wie wahren Sie das Interesse Ihrer Aktionäre?
- ● Welche Rolle spielt der Shareholder Value in Ihrem Denken und Handeln?
- ● Welche Zielkonflikte sehen Sie? Wie lösen Sie diese Zielkonflikte?
- ● Wie schaffen Sie einen Ausgleich zwischen den unterschiedlichen Interessengruppen (Aktionäre, Mitarbeiter, Gesellschaft)?

Bitte benennen Sie die fünf wichtigsten Erfolgskriterien in Bezug auf den Shareholder Value und bewerten Sie die Ist-Situation in Ihrem Unternehmen anhand einer Skala von „sehr gut" bis „schlecht":

Kriterium	schlecht	weniger gut	befriedigend	gut	sehr gut

Liquidität

Die folgenden Fragen helfen Ihnen, die Ist-Situation in Ihrem Unternehmen in Bezug auf die Liquidität zu analysieren:

Fragen in Bezug auf die Liquidität:

- Wie steht es um die Liquidität des Unternehmens?
- Wie erfüllen Sie Ihre finanziellen Verpflichtungen?
- Wie bewältigen Sie außergewöhnliche Belastungen oder besonders hohe Liquiditätsabflüsse?
- Wie flexibel sind Sie in der gegenwärtigen finanziellen Situation?
- Welche Kreditverträge haben Sie?
- Welche Qualität und Quantität haben Ihre Kreditlinien?
- Welche Garantien fordern die Banken/andere Kreditgeber?
- Welche speziellen Vereinbarungen haben Sie zum Schutz der Kreditoren getroffen?

Bitte benennen Sie die fünf wichtigsten Erfolgskriterien in Bezug auf die Liquidität und bewerten Sie die Ist-Situation anhand einer Skala von „sehr gut" bis „schlecht":

Kriterium	schlecht	weniger gut	befriedigend	gut	sehr gut

Spezielle Kosten

Die folgenden Fragen helfen Ihnen, die Ist-Situation in Ihrem Unternehmen in Bezug auf spezielle, außergewöhnliche oder unvorhergesehene Kosten zu analysieren:

Fragen in Bezug auf außergewöhnliche oder unvorhergesehene Kosten:

● Welche speziellen Ausgaben erwarten Sie in naher Zukunft?
- Reparaturen?
- Ersatz?
- Neukauf?
- Sanierungen?
- Reklamationen?
- Schadensersatzforderungen? (zum Beispiel wegen der Verwendung von Asbest oder anderen krebserregenden Stoffen, gefährliches Spielzeug usw.)
- Schäden durch Sturm, Überflutung, Eis und Schnee oder andere Umwelteinflüsse?
- Kriegsschäden?
● Wie ist Ihr Unternehmen finanziell dafür gewappnet?
● Wie aktuell ist Ihr Krisenplan?

Bitte benennen Sie die fünf wichtigsten Erfolgskriterien in Bezug auf das Management von speziellen Kosten und bewerten Sie die Ist-Situation in Ihrem Unternehmen anhand einer Skala von „sehr gut" bis „schlecht":

Kriterium	schlecht	weniger gut	befriedigend	gut	sehr gut

Spezielle Ereignisse

Die folgenden Fragen helfen Ihnen, die Ist-Situation in Ihrem Unternehmen in Bezug auf das Eintreffen von speziellen und unvorhergesehenen Ereignissen zu analysieren:

Fragen in Bezug auf das Eintreffen von unvorhergesehenen Ereignissen:

● Wie hoch ist die Wahrscheinlichkeit für eine der folgenden Ereignisse:
- Feindliche Übernahme?
- Fusionen?
- Outsourcing?
- Rückkauf eigener Aktien?
- Verkauf von Unternehmensteilen?
- Stilllegung von Betriebseinheiten?
- Entlassung und Abfindung von Mitarbeitern?
- Rückrufaktionen auf Grund fehlerhafter Produkte?
- Gerichtsprozesse?
- Terrorakte und Sabotage?

Bitte benennen Sie die fünf wichtigsten Erfolgskriterien für das Management von speziellen Ereignissen und bewerten Sie die Ist-Situation in Ihrem Unternehmen anhand einer Skala von „sehr gut" bis „schlecht":

Kriterium	schlecht	weniger gut	befriedi- gend	gut	sehr gut

▶ Markt

Die Fragen zur Marktsituation beziehen sich auf:

- ▪ Marktanteile
- ▪ Trends
- ▪ Konjunktur
- ▪ Preise
- ▪ Technologische Entwicklung
- ▪ Benchmarking
- ▪ Image

Marktanteile

Die folgenden Fragen helfen Ihnen, die Ist-Situation Ihres Unternehmens bezüglich Ihrer Marktposition zu analysieren:

Fragen in Bezug auf Ihrer Marktposition:

- ● Welche Marktanteile haben Sie?
- ● Wie entwickelt sich der Wettbewerb?
- ● Welche Marktbarrieren hindern Sie?
- ● Welche Marktbarrieren hindern Ihre Mitbewerber?
- ● Welche Machtverschiebungen sind im Gang?

Bitte benennen Sie die fünf wichtigsten Erfolgskriterien in Bezug auf Ihre Marktanteile und bewerten Sie die Ist-Situation in Ihrem Unternehmen anhand einer Skala von „sehr gut" bis „schlecht":

Kriterium	schlecht	weniger gut	befriedi-gend	gut	sehr gut

Trends

Die folgenden Fragen helfen Ihnen, die Ist-Situation in Ihrem Unternehmen in Bezug auf Trends zu analysieren:

Fragen in Bezug auf Trends:

- Welche Trends zeichnen sich im Käuferverhalten in der Branche ab?
- Welche Trends zeichnen sich im Käuferverhalten global ab?
- Welche neuen Trends erkennen Sie in der technologischen Entwicklung?
- Welche neuen Trends spüren Sie in der gesellschaftlichen Entwicklung?
- Welche neuen Trends sehen Sie in der politischen Entwicklung?
- Wie nutzen Sie neue Trends zu Ihrem Vorteil?

Bitte benennen Sie die fünf wichtigsten Erfolgskriterien in Bezug auf das Erkennen und Nutzen von neuen Trends und bewerten Sie die Ist-Situation in Ihrem Unternehmen anhand einer Skala von „sehr gut" bis „schlecht":

Kriterium	schlecht	weniger gut	befriedi-gend	gut	sehr gut

Konjunktur

Die folgenden Fragen helfen Ihnen, die Ist-Situation in Ihrem Unternehmen in Bezug auf die gegenwärtige Konjunktur zu analysieren:

Fragen in Bezug auf die gegenwärtige Konjunktur:
● Wie entwickelt sich die Konjunktur? (regional, national und global)
● Wie entwickelt sich das Wachstum? (regional, national und global)
● Was bedeutet die konjunkturelle Entwicklung für Sie? Wie reagieren Sie?
● Wann rechnen Sie mit einer Änderung der konjunkturellen Entwicklung?
● Welche Chancen haben Sie, die Entwicklung der Konjunktur zu beeinflussen? Wie nutzen Sie diese Chancen?

Bitte benennen Sie die fünf wichtigsten Erfolgskriterien in Bezug auf die Konjunktur und bewerten Sie die Ist-Situation in Ihrem Unternehmen anhand einer Skala von „sehr gut" bis „schlecht":

Kriterium	schlecht	weniger gut	befriedi-gend	gut	sehr gut

Preise

Die folgenden Fragen helfen Ihnen, die Ist-Situation Ihres Unternehmens in Bezug auf die Preisentwicklung zu analysieren:

Fragen in Bezug auf die Preisentwicklung:
● Wie entwickeln sich die Preise?
● Wie positionieren Sie sich in preislicher Hinsicht auf dem Markt?
● Wie reagieren Sie auf veränderte Preise bei Ihren Mitbewerbern?
● Wie begründen Sie Ihrem Kunden Ihr Preisniveau?
● Welchen Spielraum haben Sie bezüglich der Preise?

Bitte benennen Sie die fünf wichtigsten Erfolgskriterien für Ihre Preispolitik und bewerten Sie die Ist-Situation in Ihrem Unternehmen anhand einer Skala von „sehr gut" bis „schlecht":

Kriterium	schlecht	weniger gut	befriedigend	gut	sehr gut

Technologische Entwicklung

Die folgenden Fragen helfen Ihnen, die Ist-Situation in Ihrem Unternehmen in Bezug auf die technologische Entwicklung zu analysieren:

Fragen in Bezug auf die technologische Entwicklung:

- Wie lang sind die Produktzyklen?
- Welche neuen technologischen Entwicklungen zeichnen sich ab?
- Von wo kommen die neuesten technologischen Entwicklungen?
- Wie beeinflusst die technologische Entwicklung Ihr Angebot an Produkten und Dienstleistungen?
- Wie gehen Sie damit um? Eigene Entwicklung oder Kauf auf dem Markt?

Bitte benennen Sie die fünf wichtigsten Erfolgskriterien in Bezug auf die technologische Entwicklung und bewerten Sie Ihr Unternehmen anhand einer Skala von „sehr gut" bis „schlecht":

Kriterium	schlecht	weniger gut	befriedigend	gut	sehr gut

Benchmarking

Die folgenden Fragen helfen Ihnen, die Ist-Situation in Ihrem Unternehmen im Vergleich mit anderen erfolgreichen Unternehmen zu analysieren:

Fragen in Bezug auf dem Vergleich mit anderen erfolgreichen Unternehmen:

- Wie schneidet Ihr Unternehmen im Vergleich mit seinen Mitbewerbern ab?
- Wer ist der Beste in der Branche?
- Was machen vergleichbare Unternehmen anders und besser als Sie?
- Wer sind Ihre Vorbilder? Was können Sie von diesen lernen?
- Wie beschaffen Sie sich Information darüber, was in anderen Unternehmen vor sich geht?

Bitte benennen Sie die fünf wichtigsten Erfolgskriterien in Bezug auf Benchmarking und bewerten Sie die Ist-Situation in Ihrem Unternehmen anhand einer Skala von „sehr gut" bis „schlecht":

Kriterium	schlecht	weniger gut	befriedi- gend	gut	sehr gut

Image

Die folgenden Fragen helfen Ihnen, die Ist-Situation in Ihrem Unternehmen in Bezug auf Ihr Image zu analysieren:

Fragen in Bezug auf Ihr Image:

- Was ist Ihr spezieller Wettbewerbsvorteil? (Diversifikation oder Fokus auf Kernkompetenzen? Flächendeckende Vertriebsnetze? usw.)
- Inwiefern sind potenziellen Kunden diese Wettbewerbsvorteile bekannt?
- Welches Image streben Sie an?
- Welches Image haben Sie tatsächlich auf dem Markt?
- Was und wie berichten die Medien über Sie?
- Was denken Ihre Aktionäre über Sie?
- Inwiefern nutzen Sie Ihr Image in der Personalbeschaffung?

Bitte benennen Sie die fünf wichtigsten Erfolgskriterien in Bezug auf Ihr Image, und bewerten Sie die Ist-Situation in Ihrem Unternehmen anhand einer Skala von „sehr gut" bis „schlecht":

Kriterium	schlecht	weniger gut	befriedigend	gut	sehr gut

▶ Sonstige Rahmenbedingungen

Die folgenden Fragen helfen Ihnen, die Ist-Situation in Bezug auf sonstige Rahmenbedingungen für Ihr Unternehmen zu analysieren:

Fragen in Bezug auf sonstige Rahmenbedingungen für Ihr Unternehmen:

● Welche neuen Gesetze und Vorschriften werden zur Zeit erarbeitet? (national und auf europäischer Ebene)
● Was sind die Ziele der politischen Parteien?
● Welche Werte geben in der Gesellschaft neuerdings den Ton an?
● Wie ist die politische Situation in anderen Teilen der Welt?
● Wie sind Sie davon betroffen?

Bitte benennen Sie die fünf wichtigsten Erfolgskriterien in Bezug auf Ihre Reaktion auf die äußeren Rahmenbedingungen und bewerten Sie die Ist-Situation Ihres Unternehmens anhand einer Skala von „sehr gut" bis „schlecht":

Kriterium	schlecht	weniger gut	befriedigend	gut	sehr gut

Ist-Analyse (2): Die Organisationsdiagnose

Die Organisationsdiagnose (Die Organisationsdiagnose stammt von Ichak Adizes, siehe http://www.adizes.com und Literaturverzeichnis. Die nachfolgende Darstelung ist eine Weiterentwicklung der Autorin) ist eine international anerkannte Methode, um unter aktiver Einbeziehung der Mitarbeiter die Ist-Situation des Unternehmens zu analysieren. Ziel ist es dabei, ein gemeinsames Verständnis zu schaffen, in welcher Situation sich das Unternehmen zur Zeit befindet, und welche Herausforderungen in naher Zukunft zu erwarten sind.

Die Organisationsdiagnose befasst sich mit folgenden Fragen:

- Wie ist die Ist-Situation?

- Welche Herausforderungen haben wir?

- Was bedarf einer Verbesserung? Was sind unsere Potential Improvement Points (PIPs)?

Die Organisationsdiagnose findet möglichst außerhalb des Unternehmens statt und dauert zwei bis drei Tage.

Auswahl der Teilnehmer

Die Organisationsdiagnose ist optimal für Gruppen von sechs bis 20 Personen. Eine größere Anzahl ist möglich (bis zu 50 Personen). Je mehr Teilnehmer, desto langsamer wird jedoch der Prozess.

Der oberste Entscheidungsträger (Geschäftsführer, Vorstand, Minister) muss während der gesamten Veranstaltung anwesend sein. Das heißt im Klartext: 100 Prozent präsent – nicht Korrespondenz erledigen, nicht ständig telefonieren, nicht mit dem Laptop etwas völlig anderes tun.

Erfahrungsgemäß verläuft der Prozess reibungsfreier, wenn Gewerkschaftsvertreter von Anfang an mit im Boot sind.

Mit von der Partie sind ebenfalls die Mitarbeiter, die über wichtiges Fachwissen verfügen. Der Rest der Teilnehmer stellt einen repräsentativen Querschnitt durch das Unternehmen dar.

Zwei externe Integratoren steuern den Prozess. Externe Wegbegleiter sind neutral. Interne Spezialisten für Organisationsentwicklung sind emotional selbst betroffen. Für sie ist es schwieriger, objektiv zu sein. Zudem ist ihre interne Sichtweise (Betriebsblindheit) umso ausgeprägter, je länger sie im Unternehmen arbeiten. Außerdem besteht die Gefahr, dass die Sorge um negative Folgen sie zu unkritischen Helfern des Top-Managements macht.

Der Prozess

Raumgestaltung

Die Teilnehmer sitzen während des gesamten Seminars im Halbkreis (U-Form) ohne Tische. Nur in den Gruppenräumen stehen Tische.

Ein homogenes Führungsteam

Falls das Führungsteam stark voneinander abweichende Positionen hält, lohnt es sich, vor der eigentlichen Organisationsdiagnose einen halben Tag für eine Mini-Diagnose nur für die Führungsmannschaft zu verwenden. Ziel dieser Kurzdiagnose ist es, das Führungsteam zusammenzuschweißen, damit es homogene Signale sendet.

Begrüßung und Einführung

Zu Beginn begrüßt der oberste Entscheidungsträger die Teilnehmer und erläutert Sinn und Zweck der Organisationsdiagnose. Nach der Vorstellung der beiden Integratoren setzt er sich zurück in den Halbkreis (nicht an den Anfang oder an das Ende). Von nun an ist er ein Mitglied der Gruppe: ein Gleicher unter Gleichen.

Die Integratoren beginnen mit einer Auflockerungsübung, um eine positive und vertrauensvolle Atmosphäre zu schaffen und die Aufmerksamkeit zu bündeln. Danach geben Sie einen Überblick über den Ablauf des Seminars:

Die Organisationsdiagnose besteht aus sieben Phasen:

1. Individuell und im Plenum Stärken analysieren
2. Individuell über Schwächen reflektieren
3. Brainstorming in der Gruppe
4. Sortieren und Strukturieren der PIPs
5. Lösungsansätze entwickeln und bewerten
6. Prioritäten setzen
7. Handlungsplan entwerfen und umsetzen

Individuell und im Plenum Stärken analysieren

Jeder Teilnehmer bekommt eine fünfminütige Denkpause, um für sich selbst alle positiven Aspekte und Stärken des Unternehmens zu notieren. Nach dieser individuellen Analyse der positiven Seiten geht das Wort von einem zum anderen. Jeder nennt einen Pluspunkt. Die Integratoren notieren alles kommentarlos auf ein Flipchart. Das Wort macht so lange die Runde, bis niemandem mehr etwas Neues einfällt.

Danach 15 Minuten Pause.

Individuell über Schwächen nachdenken

Die Teilnehmer kehren zurück und bekommen die Aufgabe, fünf bis 20 Minuten über Schwächen und Verbesserungspotenziale nachzudenken und Stichwörter auf einem Zettel zu notieren. In dieser Phase herrschen absolute Ruhe und Konzentration.

Brainstorming in der Gruppe

Ziel des Brainstormings in der Gruppe ist es, potenzielle Verbesserungspunkte aufzulisten (Potential Improvement Points/PIPs). Die Integratoren stellen die Spielregeln vor.

Jeder Teilnehmer präsentiert nur einen Verbesserungspunkt (PIP). Dann ergreift der nächste das Wort.

Die Integratoren notieren alles in nummerierter Reihenfolge auf zwei Flipcharts. Der eine schreibt die geraden Zahlen (2, 4, 6, 8), der andere die ungeraden (1, 3, 5, 7). Ein Assistent hängt die Flipchart-Blätter an die Wand, sodass sie für alle jederzeit sichtbar sind.

Die Integratoren erteilen das Wort und sorgen dafür, dass jeder an die Reihe kommt.

Alternative 1:
Wer will, ergreift das Wort. Vorteil: größere Spontaneität. Möglicher Nachteil: Einige Teilnehmer dominieren, andere kommen nicht zu Wort. Gute Vorschläge gewinnen kein Gehör.

Alternative 2:
Ein beliebiger Teilnehmer – jedoch nicht der Ranghöchste – beginnt. Ist er fertig, nennt er den Namen des Nachbarn zur Rechten und gibt das Wort an ihn weiter, sodass jeder zum Zuge kommt. Möglicher Nachteil: Bei vielen Teilnehmern dauert es sehr lange, bis der einzelne wieder an die Reihe kommt. Die Ungeduld wächst.

Die Integratoren achten darauf, dass die Teilnehmer nicht vom Thema abschweifen.

Die Redner fassen sich so kurz wie möglich zu folgenden Stichpunkten:

- Zu wenig (von etwas Gutem)
- Zu viel (von etwas Schlechtem)
- Zu kurz
- Zu schlecht
- Zu spät
- Zu oft
- Zu wenig
- Wir vermissen

Die Integratoren achten darauf, dass sich die Teilnehmer klar und deutlich ausdrücken. Bei einer Analyse von innerbetrieblichen Schwachstellen ist die Formulierung „schlechte Führung" zu ungenau. Präzisierung:

- Was genau meinen Sie mit schlechter Führung?
- Wo? In welcher Abteilung?
- Worin besteht die schlechte Führung? Geben Sie bitte ein Beispiel.
- Zu wenig Information über was?
- Zu wenig Mitwirkung an was?
- Der Chef ist zu wenig zugänglich wann und für wen?

Die Integratoren notieren im Wortlaut die Aussagen der Teilnehmer und widerstehen der Versuchung, ihre eigene Interpretation oder Überzeugung aufzuschreiben.

Die Integratoren sorgen dafür, dass die Teilnehmer über die Sache sprechen und von Angriffen auf die Person Abstand nehmen.

Während des Einsammelns von PIPs ist keine Diskussion erlaubt (diese folgt in der anschließenden Gruppenarbeit).

Beim Brainstorming ist es untersagt zu kritisieren, einen Punkt zu verwerfen oder sich über jemanden lustig zu machen. („Das stimmt nicht". „Der hat wohl 'ne Macke". „Hast du schon einmal so etwas Idiotisches gehört?").

Wenn jemand den Inhalt der Aussage nicht versteht, stellt er eine Verständnisfrage: „Meinen Sie ... ?" (siehe Übung Aktives Zuhören). Der Angesprochene antwortet nur mit „Ja" oder „Nein". Bitte keine langen Erklärungen.

Das Brainstorming löst eine eigene Dynamik aus und kann – ohne Pause – bis zu zwei Stunden dauern. Bei einer Analyse von Problemen beginnen die Teilnehmer in der Regel mit eher allgemeiner Kritik („Der Kopierer streikt.", „Die Luft ist zu trocken."). Nach einer halben bis zu einer Stunde wagt plötzlich der erste konkrete Aussagen. Das ist der Durchbruch. Der Damm der zurückgehaltenen Gefühle ist gebrochen. Jetzt geht es hart zur Sache. Nun wagen auch die anderen, ihre Meinung zu äußern.

Eine Pause würde diese Dynamik unterbrechen. Das dringende Bedürfnis nach einer Unterbrechung ist oft ein unbewusster Fluchtversuch. Jetzt wird es brenzlig. Ein erfahrener Integrator sorgt dafür, dass „auf den Tisch kommt, was lange unter den Teppich gekehrt war" – doch auf eine konstruktive Art und Weise.

Am Ende der Brainstormingsphase hängen 200 bis 700 Verbesserungspunkte (PIPs) an der Wand.

Sortieren und Strukturieren von PIPs

Die Teilnehmer schreiben alle Punkte aus der Brainstormingsphase samt ihrer Nummer auf kleine Kärtchen. Die Integratoren mischen diese gut durch.

Die Teilnehmer bilden drei bis vier Gruppen. Jede Gruppe erhält einen etwa gleich großen Kartenstapel. Die Aufgabe besteht darin zu diskutieren, in welche Kategorie des Analyseschemas der genannte Sachverhalt fällt und die entsprechende Zahl auf dem Kärtchen zu notieren. Gesamtdauer der Teamarbeit: ca. zwei Stunden.

Die Teilnehmer sortieren und strukturieren das Material anhand eines vorgegebenen Analyseschemas (siehe Abbildung). Jetzt ist es an der Zeit zu diskutieren:

- Warum haben wir das Problem?
- Wer löst es?
- Wo wird es gelöst?
- Wie wird es gelöst?

Das Analyseschema

Kästchen 1 im Analyseschema sind die externen Einflüsse. Hier hat das Unternehmen nur geringen Einfluss.

Die Kästchen 2 bis 4 spiegeln das innere Leben des Unternehmens wider. Hier hat das Unternehmen seinen größten Handlungsspielraum. Es kann Strukturen ändern (Box 2), Ziele und Strategien entwickeln sowie das Verhalten der Führungskräfte beeinflussen (Box 3). Es schafft seine eigene Personalpolitik und Unternehmenskultur (Box 4). Schließlich gestaltet es selbst seine Prozesse, Abläufe und Arbeitsroutinen (Box 5).

Kategorie 6 sammelt alle Punkte in Bezug auf Kunden und Markt – also alles, was vom Unternehmen nach außen geht.

Jedes Team enthält einen Umschlag mit einer Anweisung, für welche Kategorien es verantwortlich ist (zum Beispiel Box 2 Organisationsstruktur) oder Box 4 (Unternehmenskultur und Personalpolitik).

Sobald das Team alle Kärtchen mit Hilfe des Analyseschemas sortiert hat, öffnet es den Umschlag. Alle Aussagen, die nicht in die eigene Kategorie fallen, „verkauft" es an die übrigen Gruppen. Dies geschieht, indem ein bis zwei Personen aus Gruppe 1 zur Gruppe 2 gehen und versuchen, die Teilnehmer der Gruppe 2 davon zu überzeugen, dass die entsprechenden Karten in die Domäne der Gruppe 2 gehören. Gruppe 2 akzeptiert die Argumentation oder weist sie durch fundierte Gegenargumente zurück.

Ebenso gehen zwei Botschafter aus Gruppe 1 zur Gruppe 3.
Gruppe 2 sendet Botschafter zur Gruppe 1 und 3.
Gruppe 3 sendet Botschafter zur Gruppe 1 und 2.

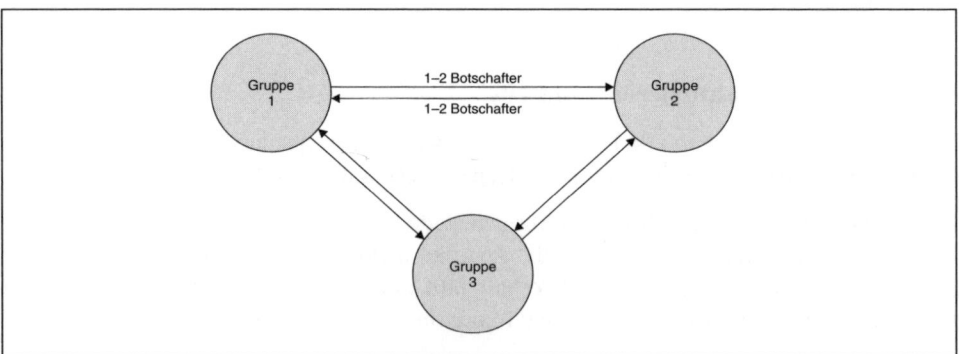

1. Externe Einflüsse

1.1 Politik und Gesellschaft, gesetzliche Regelungen und Vorschriften

1.2 Globale, politische, wirtschaftliche und gesellschaftliche Einflüsse

1.3 Technologische Veränderungen außerhalb des Unternehmens

2. Organisationsstruktur

2.1 horizontal
Unklare Abgrenzung von Aufgaben: Wer macht was?

2.2 vertikal
Unklare Abgrenzung von Kompetenzen: Wer entscheidet was?

2.3. quer durch die Hierarchie
– Team- und Projektarbeit
– Matrix-Organisation

3. Ziele und Strategien

3.1 Visionen, Ziele, Teilziele, Meilensteine

3.2 Informationsfluss, IT-Systeme, Kontrollsysteme

3.3 Führungsrolle und -stil
– Verhalten von Managern
– Anspruch und Wirklichkeit

4. Unternehmenskultur Personalpolitik

4.1 Arbeitsklima, Umgang miteinander, zwischenmenschliche Kommunikation, Konfliktlösung, Werte, Kreativität, Wissen, Flexibilität, Veränderungsbereitschaft

4.2 Personalentwicklung
Karriereplanung, Fort- und Weiterbildung, Coaching, Mentoring, Learning on the Job, Einbeziehung der Mitarbeiter in den Entwicklungs- und Veränderungsprozesse

4.3 Personalauswahl, Entlohnung und Beförderung
– Verfahren zum Rekrutieren von Personal
– Einführung von neuen Mitarbeitern
– Mitarbeiterbindung
– Kriterien für die Beförderung
– Kriterien für Entlassungen

5. Produkte und Dienstleistungen

5.1 Qualität von Produkten und Dienstleistungen

5.2 Prozesse, Abläufe und Arbeitsroutinen, IT-Systeme, Tools

5.3 Planung der Arbeit und Zeitmanagement

6. Kunden und Markt

6.1 Kundenorientierung (Customer Relationship)

6.2 Qualität von Produkten und Dienstleistungen

6.3 Zugänglichkeit und Verfügbarkeit von Produkten und Dienstleistungen

6.4 Beziehungen zu Lieferanten

6.5 Beziehungen zu anderen Interessenten (stakeholders)

6.6 Gesamtgesellschaftliche Verantwortung des Unternehmens

6.7 Wettbewerb

Hand-Out-Analyseschema

Für die Teilnehmer ist es ein Aha-Erlebnis, dass verschiedene Personen den gleichen Sachverhalt ganz unterschiedlich sehen. Die Einsicht, dass jeder Mensch seine ureigene Sichtweise der Dinge hat und dass wir nur zusammen das gesamte Bild sehen, stärkt die Bereitschaft zusammenzuarbeiten.

Wenn jedes Team „seine" Kärtchen mit Hilfe des Analyseschemas sortiert hat und alle „fremden" Kärtchen an die übrigen Gruppen „verkauft" hat, folgt – nach einer Pause – die nächste Phase:

Feinsortieren (Clustern)

Das Feinsortieren schafft noch mehr Übersichtlichkeit. Ähnliche Punkte innerhalb einer Kategorie des Analyseschemas (zum Beispiel 2.1 oder 3.2) werden zu einer Gruppe zusammengefasst und so genannte Cluster gebildet – zum Beispiel:

2.1.1   Unklare Abgrenzung von Arbeitsaufgaben

5	überlappende Arbeitsaufgaben
102	zu viel Doppelarbeit
34	Grauzonen
267	Die eine Hand weiß nicht, was die andere tut

(Die Zahl vor dem Text gibt die PIP-Nummer an.)

Auf diese Art und Weise reduziert sich die Anzahl der aufgelisteten Probleme auf ein überschaubares Maß.

Lösungsansätze entwickeln und bewerten

Zur Erarbeitung und Bewertung von Lösungen bilden sich neue Teams, die Vor- und Nachteile der Vorschläge diskutieren und nach noch besseren Alternativen suchen. Hierzu eignet sich besonders gut die Methode „Die sechs Hüte des Denkens" nach Edward de Bono (siehe www.edwdebono.com und www.erfolgsmethoden.de).

Es ist wichtig, dass das Team so zusammengesetzt ist, dass es Entscheidungen nicht nur trifft, sondern auch umsetzt.

Prioritäten setzen

Der nächste Schritt besteht darin, Prioritäten zu setzen und Fokus zu halten.

Handlungsplan entwerfen und umsetzen

Fragenkatalog für einen Handlungsplan:

- Was ist zu tun? Bitte eine konkrete Antwort geben. Verallgemeinerungen vermeiden: „Ab morgen muss alles anders werden." Was heißt hier „alles" ?
- Wer macht was? Den Verantwortlichen beim Namen nennen. Keine unverbindlichen Formulierungen wie „alle".
- Wann? Genaues Daum: „am 15. Oktober" und nicht „so bald wie möglich". Welche Meilensteine setzen wir fest?
- Wie feiern wir unsere Erfolge?

Die Nacharbeit

Nach einer Organisationsdiagnose sind die Teilnehmer enthusiastisch. Sie glauben, alle Schwierigkeiten seien beseitigt. In Wirklichkeit sind die Probleme nur übersichtlich sortiert und Lösungsansätze erarbeitet worden. Unternehmen, die auf eine Nacharbeit verzichten, finden sich dort wieder, wo sie angefangen haben: bei frustrierten Mitarbeitern und einer Fülle von Problemen. Mit einem Unterschied: Die Frustration ist jetzt noch größer. Denn es wurden Hoffnungen geweckt, die nicht erfüllt wurden.

Deshalb ist es von großem Vorteil, wenn die Integratoren des Organisationsdiagnose-Seminars in regelmäßigen Abständen zu einem Follow-up ins Unternehmen kommen, um zu überprüfen, wie weit die Umsetzung gediehen ist (zum Beispiel nach einem Monat, nach sechs Monaten und nach einem Jahr).

Guten Worten müssen Taten folgen.

Kosten vermeiden: Die Administrative Wertanalyse (AWA)

Die Administrative Wertanalyse (AWA) ist eine Methode, Kosten um zehn bis 20 Prozent zu senken. Sie ist besonders geeignet für Unternehmen, die in guten Zeiten viel Speck angesetzt haben, oder für Behörden, die ihren bürokratischen Apparat in Jahren mit hohem Steueraufkommen üppig wachsen ließen und jetzt auf einen gesunden Umfang reduzieren.

Die Administrative Wertanalyse eignet sich weniger für Unternehmen, die in der Vergangenheit bereits gründlich rationalisiert und ihre Prozesse vereinfacht haben. Unternehmen, in denen ein Mangel an qualifizierten Arbeitskräften sichtbar ist, nehmen ebenfalls Abstand von der AWA.

Kosten senken ist bei den Mitarbeitern selten populär. Dennoch ist es wichtig, diese aktiv in die Suche nach Einsparungsmöglichkeiten mit einzubeziehen. Jeder Mitarbeiter kennt seinen eigenen Aufgabenbereich am besten – besser als eine zentrale Stabsstelle für Organisationsentwicklung oder ein externer Berater. Deshalb erhöht sich die Qualität der Vorschläge bei einer aktiven Einbindung der Betroffenen.

Um den Prozess der Administrativen Wertanalyse so reibungslos wie möglich zu gestalten, antwortet das Top-Management – auch unaufgefordert – auf alle W-Fragen:

W-Fragen für das Top-Management:

- Warum ist es notwendig?
- Warum gerade jetzt?
- Warum ausgerechnet bei uns?
- Was soll geschehen?
- Wie soll es geschehen?
- Wo soll es geschehen?
- Wer ist davon betroffen?
- Was sind die Konsequenzen? Für wen?

Die Administrative Wertanalyse besteht aus fünf Schritten:

1. Ist-Analyse: Übersicht schaffen

2. Einsparpotenziale finden

3. Vorschläge analysieren

4. Handlungsplan entwerfen

5. Umsetzung, Evaluierung und Anpassung der Strategie

Ist-Analyse: Übersicht schaffen

Jeder Mitarbeiter listet seine Arbeitsaufgaben auf und reflektiert:

- Was sind meine Endprodukte im Laufe eines Monats?
- Wer sind meine Kunden? (interne und externe Kunden)
- Wie viel Zeit brauche ich für die einzelnen Arbeitsaufgaben?
- Wer braucht wirklich, was ich produziere? Wie viel? Wie oft?
- Wo sind die Schnittstellen zwischen den einzelnen Arbeitsbereichen?

Kunden	Produkte und Dienstleistungen									
	P_1	P_2	P_3	P_4	P_5	P_6	P_7	P_8	P_9	P_{10}
a) intern										
b) extern										

Einsparpotenziale finden

Der AWA-Projektleiter bittet die Mitarbeiter, sich – als Gedankenexperiment – vorzustellen, dass sie ab morgen 20 bis 40 Prozent weniger Ressourcen (Zeit, Geld, Arbeitskraft) zur Verfügung haben:

- Was machen Sie anders?
- Wie gewinnen Sie Zeit?
- Welche Tätigkeiten schränken Sie ein?
- Was fällt ganz weg?
- Wie erhöhen Sie Ihre Effektivität?
- Wie vereinfachen Sie die Prozesse?
- Welche Routinen lassen sich effizienter gestalten?
- Wie optimieren Sie die Schnittstellen zwischen den einzelnen Arbeitsbereichen?
- Wie vermeiden Sie Doppelarbeit?
- Wo liegt Ihre Kernkompetenz?
- Welche Aufgaben wollen Sie unternehmensintern ausführen?
- Welche Aufgaben wollen Sie an externe Partner vergeben?

Vorschläge analysieren

Interdisziplinäre und abteilungsübergreifende Projektgruppen analysieren und sortieren die eingebrachten Vorschläge nach folgendem Muster:

A-Vorschlag

Eine tolle Idee. Warum sind wir nicht schon früher darauf gekommen? Kein Zweifel, das machen wir!

B-Vorschlag

Das überlegen wir erst noch genauer. Steht das Ergebnis im richtigen Verhältnis zum Aufwand? Würde die Qualität unserer Produkte oder Dienstleistungen unverhältnismäßig leiden? Werden die Kunden negativ reagieren?

C-Vorschlag

Auf keinen Fall! Sofort in den Papierkorb.

Danach prüft das Projektteam die B-Vorschläge auf ihre Umsetzbarkeit:

- Ist der Vorschlag praktisch durchführbar?
- Haben wir die Kompetenz?
- Haben wir die erforderlichen Ressourcen? (Geld, Menschen, Zeit)
- Passt der Vorschlag zu unserem Image?
- Passt der Vorschlag zu unserer Unternehmensphilosophie?
- Passt der Vorschlag zu unserer Unternehmenskultur?

Das Resultat: Der Vorschlag wandert ins Körbchen A „annehmen" oder C „ablehnen".

Handlungsplan entwerfen

Die AWA-Projektleitung sammelt und koordiniert die Vorschläge der einzelnen Projektgruppen und entwirft einen Handlungsplan:

- Was?
- Warum?
- Wer?
- Wie?
- Wann?
- Wo?
- Wie lange?

Umsetzung, Evaluierung und Anpassung der Strategie

Zur Umsetzung gehört auch die Nacharbeit. Das Projektteam benennt einen – internen oder externen – Verantwortlichen, der in gewissen Zeitabständen den Stand der Dinge überprüft und eine Anpassung der Strategie an die veränderten Umstände vorantreibt:

- Wie weit ist die Umsetzung der geplanten Maßnahmen gediehen?
- Welche unvorhergesehenen Konsequenzen sind aufgetreten?
- Was sind die Ursachen?
- Was lernen wir daraus?
- Was machen wir in Zukunft anders?
- Wer braucht welche Unterstützung?
- Welche Veränderungen sind eingetreten?
- Wie passen wir die Strategie an die veränderten Verhältnisse an?

3 Wo wollen wir hin? Methoden zur Entwicklung von Leitbildern, Zielen und Strategien

In vielen Unternehmen ist die Erarbeitung von Zielen und Strategien alleinige Sache des Top-Managements – oft in Zusammenarbeit mit einem externen Berater. Information über den fertigen Plan ist nur dem inneren Führungskreis zugänglich. Manchmal landet er auch einfach in der Schublade, und das Unternehmen macht „Business as usual".

Die Schwäche dieses Ansatzes liegt in Folgendem:

■ Das Unternehmen versäumt es, das Humankapital als strategischen Erfolgsfaktor zu nutzen. Die Mitarbeiter haben wenig Gelegenheit, ihre Kompetenz in den Strategie-Entwicklungsprozess einzubringen. Das ist eine Verschwendung von Ressourcen.

■ Die Mitarbeiter kennen die Ziele nicht oder nur ungenügend und identifizieren sich wenig mit den getroffenen Entscheidungen. Die Umsetzung dauert länger.

■ Die traditionelle Strategiearbeit legt das Augenmerk hauptsächlich nach außen auf den Markt. Sie versäumt es, den Blick auch nach innen zu richten: Wie kann die Unternehmenskultur eine rasche Zielerreichung unterstützen?

Modernes Management unterscheidet sich in Folgendem vom traditionellen Ansatz:

■ Die Mitarbeiter bringen ihre Ideen und ihr Wissen ein.

■ Der Prozess ist kooperativ. Aus der individuellen Vision des Top-Managers wird eine gemeinsame Vision aller.

■ Mitwirkung schafft Identifikation mit den Zielen. Identifikation motiviert und setzt Kreativität frei.

■ Die weichen Faktoren (Wissen, Umgangsformen, Werte) fördern die rasche Erreichung der wirtschaftlichen Ziele (harte Faktoren wie Umsatz, Rendite, Marktanteile).

■ Zur Beschleunigung der Zielerreichung werden alle Fähigkeiten des Gehirns aktiviert. Die logische und analytische Untersuchung (linke Gehirnhälfte) des Ist-Zustands, der Zukunftsperspektiven und der Konsequenzen verschiedener Handlungsalternativen wird ergänzt durch die Mobilisierung der kreativen Vorstellungskraft (rechte Gehirnhälfte) und die Stimulierung der fünf Sinne (sehen, hören, fühlen, schmecken, riechen). Somit verankert sich das Bild der gewünschten Zukunft fest im Unterbewusstsein. Der Fokus wechselt von Problemen zu Möglichkeiten. Die Handlung wird zielorientiert.

■ Ganzheitliches Denken sieht Strategieentwicklung, Organisationsentwicklung und Persönlichkeitsentwicklung als eine unzertrennliche Einheit.

Gemeinsam ein Leitbild entwickeln

Ziel dieser Übung ist die Entwicklung eines Unternehmensleitbildes, mit dem sich alle identifizieren.

Die hier beschriebene Methode verbindet individuelle Arbeit zum Bewusstwerden der eigenen Werte, fachlichen Stärken und persönlichen Ziele mit Teamarbeit zur Definition des Selbstverständnisses des Unternehmens. Zuerst fragt sich jeder selbst, was für ihn im Leben wichtig ist. Darauf aufbauend erarbeitet das Team ein gemeinsames Leitbild für das Unternehmen.

▶ **Individuelle Arbeit: Wer bin ich? Was kann ich? Was will ich?**

- Persönliche Erfolge
- Eigene Ressourcen (positive menschliche Eigenschaften und fachliche Stärken)
- Voraussetzungen für ein erfülltes Leben
- Berufliche Weiterbildung und Persönlichkeitsenwicklung
- Zielsetzung

▶ **Teamarbeit: ein gemeinsames Leitbild**

- Die Ressourcen des Unternehmens (das menschliche Potenzial im Unternehmen, Wissen und Kompetenz)
- Individuelle Entwürfe für das Unternehmensleitbild
- Gemeinsames Leitbild

Individuelle Arbeit: Mein persönliches Leitbild

Persönliche Erfolge

Der Facilitator bittet die Teilnehmer, ihre eigene Erfolgsgeschichte zu schreiben und sagt etwa Folgendes: Stellen Sie sich vor, dass Ihr Leben verfilmt werden soll. Sie schreiben das Drehbuch für den Film Ihres Lebens und geben dem Hauptdarsteller Information über die zu spielende Person. Schreiben Sie über sich selbst in der dritten Person („er" oder „sie").

- Was ist das Geheimnis seines Erfolges?
- Was sind seine Stärken?
- Was für ein Mensch ist er?
- Welche Erfolge und Errungenschaften hat er erzielt?
- Welche Erfahrung hat er gemacht?
- Wie geht er mit Niederlagen um?
- Auf was ist er besonders stolz?

Nennen Sie Beispiele aus dem Berufs-, Familien- und Vereinsleben. Bitte keine falsche Bescheidenheit. Außer Ihnen selbst wird sonst niemand das „Drehbuch" lesen.

Eigene Ressourcen

Persönliche Eigenschaften

Notieren Sie – auf der Grundlage Ihrer Erfolgsgeschichte – mindestens drei positive persönliche Eigenschaften, die zum Erfolg beigetragen haben – zum Beispiel: offen, fair, kreativ, vertrauenswürdig, soziale Kompetenz usw.

Fachliche Stärken

Dann nennen Sie mindestens drei fachliche Stärken (zum Beispiel: spezielles Fachwissen, Fremdsprachen, Erfahrung, kreative und intellektuelle Fähigkeiten usw.).

Ein erfülltes Leben

Was gehört für Sie zu einem erfüllten Leben? Was ist wirklich wichtig für Sie? Was gibt Ihrem Leben noch mehr Sinn? Was wollen Sie aus Ihrem Leben machen?

Bauen Sie auf Ihren starken Seiten auf. Denn was Ihnen am meisten Spaß macht, wird Ihnen am besten gelingen.

Falls die Gruppe für intuitive Methoden offen ist, nimmt der Facilitator die Teilnehmer mit auf eine Fantasiereise:

„Stell dir vor, du bist 99 Jahre alt. Du blickst zurück auf dein Leben und sagst aus vollem Herzen: Es war gut so. Vielleicht ging nicht alles so wie ich es wollte, aber ich habe getan, was in meiner Kraft stand, um ein erfülltes Leben zu haben. Manche Einsicht war schmerzhaft, aber ich habe versucht, aus meinen Fehlern zu lernen. Manchmal hatte ich keinen Einfluss darauf, was in meiner Umgebung geschah, aber ich habe an meiner Reaktion auf äußere Einflüsse gearbeitet. Ich habe Verantwortung übernommen und der Versuchung widerstanden, bei Niederlagen die Schuld auf andere zu schieben. Ich wusste, was ich wollte und ergriff die Möglichkeiten, die sich boten. Ich habe gute Arbeit geleistet und mir auch Zeit für Familie, Freunde und Bekannte genommen. Alles in allem bereue ich nichts. Es war gut so, wie es war.

Überlege dir jetzt:
Was will ich ändern, um ein erfülltes Leben zu führen?
Was bin ich bereit loszulassen, um etwas Neues zu gewinnen?
Welche Opfer bin ich bereit zu bringen, um eine bessere Balance zwischen Arbeit und Privatleben zu erzielen?
Was ist mein eigener Beitrag für eine bessere Welt?
Wie viel Zeit will ich dafür aufbringen?

Du bist jetzt ganz entspannt. Stell dir vor, du hast dein Ziel erreicht. Versuch zu sehen, zu hören und zu fühlen, was ein erfülltes Leben für dich bedeutet. "

Berufliche Weiterbildung und Persönlichkeitsenwicklung

- ■ Welchen Bedarf haben Sie an beruflicher Weiterbildung und an der weiteren Entwicklung Ihrer Persönlichkeit?
- ■ Wie stärken Sie Ihre Freude am Lernen?
- ■ Wann fangen Sie an?

Zielsetzung

Stärken Sie Ihr Selbstvertrauen. Sie sind bereit zu lernen und Verhaltensweisen zu ändern, die offensichtlich nicht zum Ziel führen. Konkretisieren Sie jetzt Ihre Ziele.

Teamarbeit: Ein gemeinsames Leitbild

Die Teilnehmer bilden Gruppen von vier bis sieben Personen. Jedes Team wählt aus seiner Mitte einen Leiter, der auf das Flipchart schreibt und das Ergebnis der Gruppenarbeit später im Plenum präsentiert. Der Gruppenleiter nimmt ansonsten selbst aktiv an der Arbeit teil.

Das menschliche Potenzial im Unternehmen

Jeder nennt von seiner individuellen Liste eine positive persönliche Eigenschaft. Der Gruppenleiter schreibt alles auf einen Flipchart und hängt die Blätter nebeneinander an die Wand. Resultat dieser ersten Runde ist eine Übersicht über das menschliche Potenzial der Gruppe.

Wissen und Kompetenz

In der zweiten Runde nennt jeder eine fachbezogene Kompetenz von seiner individuellen Liste. Der Gruppenleiter schreibt wieder alles auf einen Flipchart.

Individuelle Entwürfe für das Unternehmensleitbild

Jeder Teilnehmer entwirft einen indidviduellen Vorschlag für ein gemeinsames Unternehmensleitbild nach folgendem Muster:

Aufbauend auf (Stichpunkte von der Liste menschliches Potenzial) und (Stichworte aus der Liste Wissen und Kompetenz) ist es das Selbstverständnis unseres Unternehmens (eigenen Entwurf einfügen).

Der Gruppenleiter hängt die individuellen Entwürfe nebeneinander an die Wand. Die Gruppe arbeitet Gemeinsamkeiten der Einzelentwürfe heraus und fügt das Ganze zu einem einzigen Leitbild zusammen.

Gemeinsame Unternehmensleitlinien

Die Teams treffen sich wieder im Plenum und präsentieren ihre unterschiedlichen Unternehmensleitbilder. Der Facilitator unterstützt die Großgruppe dabei, aus den unterschiedlichen Leitbildern ein gemeinsames Leitbild zu machen: entweder in Form eines einprägsamen Slogans oder einer ausführlicheren Beschreibung.

Beispiel

Kurzversion:
Industriebetrieb:	Sicher in die Zukunft.
Schule:	Lernen spielend leicht.
EDV-Unternehmen:	Enthusiasmus und Wissen sind die Quelle unserer Entwicklung.

Langversion:

Manche Unternehmen wählen ein ausführliches Leitbild. Als Beispiele dienen hierbei die Leitbilder der HeidelbergCement und des Innenministeriums in Nordrhein-Westfalen.

Corporate Mission HeidelbergCement

Das Heidelberger Selbstverständnis

Wie bauen auf weltweites Wachstum.
Weil wir helfen wollen, eine bessere Welt zu bauen.

Die Heidelberger Unternehmenskultur

Wir bauen auf lokale Verantwortung für globale Ziele.
Weil wir weltweit zu den Besten gehören.

Die Heidelberger Mitarbeiterpolitik

Wir bauen auf kompetente Mitarbeiter.
Weil ihr Wissen uns weiterbringt.

Die Heidelberger Marktstrategie

Wir bauen auf Gewinne.
Weil unser Wachstum ein solides Fundament braucht.

Die Heidelberger Kundenphilosophie

Wir bauen auf zufriedene Kunden.
Weil wir mit ihrem Erfolg wachsen.

Der Heidelberger Qualitätsstandard

Wir bauen auf die Qualität unserer Produkte.
Weil sie unser Markenzeichen ist.

Die Heidelberger Umweltschutzverpflichtung

Wir bauen auf Umweltschutz.
Weil Ökologie ökonomisch ist.

Das Heidelberger Innovationsbekenntnis

Wir bauen auf neue Technologien.
Weil wir Zukunft damit aktiv gestalten.

Leitbild HeidelbergCement

Auch der öffentliche Dienst erstellt Leitbilder für seine Tätigkeit.

Leitbild Innenministerium Nordrhein-Westfalen

Wir, die Angehörigen des Innenministeriums Nordrhein-Westfalen, haben dieses Leitbild erarbeitet. Es liegt damit ein Orientierungsrahmen vor, den wir auf allen Ebenen als verbindlich betrachten. Als Innenministerium sind wir mitverantwortlich vor allem für die vielfältige innere Verwaltung, die Polizei und die kommunale Selbstverwaltung in Nordrhein-Westfalen.

Wir arbeiten im Rahmen des geltenden Rechts. Wir berücksichtigen die politischen Leitlinien und gesellschaftlichen Entwicklungen.

Wir sind gegenüber den sich ständig wandelnden Anforderungen an Staat und Gesellschaft aufgeschlossen.

Wie wir handeln

Wir sind ein öffentlicher Dienstleister im Interesse des Gemeinwohls und der Bürgerinnen und Bürger.

Wir treten ein für den Ausgleich widerstreitender Interessen und beziehen Position, wo es erforderlich ist.

Wir schöpfen die Möglichkeiten partnerschaftlicher Zusammenarbeit aus.

Wir fördern die Akzeptanz unseres Handelns insbesonere durch nachvollziehbare Begründungen.

Wir gehen mit den uns anvertrauten Befugnissen und Ressourcen verantwortungsvoll und wirtschaftlich um.

Wir tragen zu einem positiven Bild unserer Behörde in der Öffentlichkeit bei.

Wir sprechen nach außen mit einer Stimme. Meinungsverschiedenheiten klären wir intern.

Wie wir miteinander umgehen

Wir tragen zu einem guten Betriebsklima bei. Wir verhalten uns kollegial, informieren uns zeitgerecht und umfassend. Wir sind loyal und erwarten Loyalität. Wir unterstützen und beraten uns hierarchie- und abteilungsübergreifend bei der Erreichung aller Ziele. Gegenseitige Wertschätzung ist für uns selbstverständlich.

Wir achten auf Chancengleichheit und treten jeglicher Art der Diskriminierung konsequent entgegen.

Persönliche Belange, die Arbeitszufriedenheit, die Fortbildung sowie die Vereinbarung von Zielen sind Gegenstand regelmäßiger Gespräche.

Wir erkennen Leistung an. Arbeitsergebnisse werden gerecht und transparent bewertet.

Selbständigkeit und Eigenverantwortlichkeit sind auf allen Ebenen gefordert.

Wir erweitern kontinuierlich unsere Qualifikation.

Wir fördern Zusammenarbeit und Teamgeist über alle Hierarchieebenen hinweg und arbeiten auch in Arbeits- und Projektgruppen zusammen. Wir stehen neuen Arbeitsformen und -techniken aufgeschlossen gegenüber.

Konflikte lösen wir konstruktiv und sachlich; wir suchen Lösungen, nicht Schuldige.

Personalentscheidungen werden transparent auf der Grundlage eines Personalentwicklungsplans getroffen.

Schlusswort

Wir verwirklichen und entwickeln das Leitbild in unserer Arbeit und im Umgang miteinander. Es wird durch Maßnahmen begleitet, die seine Wirkung unterstützen.

Leitbild Innenministerium Nordrhein-Westfalen

Eine gemeinsame Vision entwickeln (1)

Um eine gemeinsame Unternehmensvision zu entwickeln, empfiehlt es sich, einen externen, neutralen Facilitator zu engagieren, der den Prozess steuert. So können sich die Teilnehmer voll auf die Inhalte konzentrieren. Die hier beschriebene Methode ist inspiriert von der Arbeit von Robert Fritz (siehe www.robertfritz. com und Literaturverzeichnis) und besteht aus drei Phasen:

1. Vision

2. Ist-Situation

3. Kreative Spannung und Handlung

1. Vision

▶ **Der Blick nach innen: Wer sind wir? Was wollen wir?**

Der Prozess der Visionsentwicklung besteht aus folgenden Schritten:

- *Identität und Fokus festlegen*
- *Wunschdenken erlauben*
- *Gemeinsam eine Vision entwickeln*
- *Begründung verstärken*
- *Datum bestimmen*
- *Prioritäten setzen*
- *Unterschiede erkennen*
- *Grenzen sprengen*
- *Einflussfaktoren analysieren*
- *Nachhaltigkeit sichern*

Der Facilitator bittet die Teilnehmer, auf folgende Fragen zu antworten:

Identität und Fokus festlegen

▓ Wer sind wir?
▓ Was ist unser Kerngeschäft?
▓ Was ist unser gegenwärtiger Fokus?
▓ Wollen wir bei diesem Fokus bleiben?
▓ Warum sollten wir den Fokus ändern?

Wunschdenken erlauben

Der Facilitator bittet die Teilnehmer, zehn bis 20 Minuten individuell zu arbeiten und für sich selbst die folgenden Fragen zu beantworten:

▓ Was will ich?
▓ Was ist meine persönliche Vision?
▓ Was wäre, wenn alle meine Träume wahr werden würden?

Der Facilitator motiviert die Teilnehmer, ihre Wünsche, Hoffnungen und Träume in Bezug auf Unternehmen, eigene Karriere, Familie und Freunde, Hobbys und Gesundheit aufzuschreiben und dabei für einen Augenblick alle Hindernisse zu vergessen.

Der Facilitator gibt Tipps für die Formulierung einer Vision:

▓ Formulieren Sie ihre Vision positiv, das heißt, schreiben Sie, was Sie erreichen wollen, und nicht, was Sie vermeiden wollen.

▓ Benutzen Sie die Gegenwartsform: „ist", „sind", „haben". Beschreiben Sie Ihre Vision so, als ob sie bereits Wirklichkeit geworden wäre.

▓ Appellieren Sie an alle fünf Sinne: Was sehen, hören, fühlen, riechen, schmecken Sie, wenn Sie Ihr Ziel erreicht haben?

Eine gemeinsame Vision entwickeln

Die nächste Aufgabe besteht darin, aus den individuellen Visionen eine gemeinsame Vision zu erarbeiten. Hierzu präsentieren die Teilnehmer sich gegenseitig ihre persönlichen Visionen. Der Facilitator unterstützt die Gruppe dabei, einen gemeinsamen Nenner zu finden und aus den vielen Einzelvisionen eine gemeinsame Vision zu entwickeln. Falls in der Gruppe Akzeptanz für intuitive Vorgehensweisen besteht, begleitet der Facilitator die Teilnehmer auf einer Fantasiereise, um in den Köpfen ein mentales Bild der Zielerreichung zu malen:

▓ Was sehen wir, wenn wir am Ziel ankommen?
▓ Was hören wir, wenn unsere Vision Wirklichkeit geworden ist?
▓ Wie fühlen wir uns?
▓ Was riechen wir?
▓ Was schmecken wir?
▓ Ist es wirklich das, was wir wollen?

Begründung verstärken

- Warum wollen wir das, was wir wollen?
- Warum wollen wir es gerade jetzt?
- Wenn wir wissen, warum wir etwas wollen, sind wir motivierter, um es zu erlangen.

Datum bestimmen

- Wann wollen wir unser Ziel erreicht haben? Genaues Datum!
- Warum gerade dieses Datum?

Prioritäten setzen

- Welche Teilbereiche unserer gemeinsamen Vision wollen wir im Laufe des nächsten Jahres verwirklichen?
- Was kann warten? Wie lange?

Unterschiede erkennen

Stellen wir uns vor, die Vision ist Wirklichkeit geworden:

- Was ist anders und besser im Vergleich zu heute?

Grenzen sprengen

- Nutzen wir unser Potenzial voll aus?
- Können wir uns etwas vorstellen, was noch besser ist?
- Können wir unsere „Sicherheitszone" weiter ausdehnen?
- Können wir uns vorstellen, aus unseren realen (und eingebildeten) Grenzen auszubrechen?

Einflussfaktoren analysieren

- Haben wir selbst Kontrolle über die Zielerreichung?
- Von wem sind wir abhängig?
- Wie finden wir Verbündete?

Nachhaltigkeit sichern

- Wie schaffen wir eine „Win-win"-Situation?
- Wie kommen unsere ethischen Werte in unserer Vision zum Ausdruck?
- Wie passen wir unsere Vision veränderten Umständen an?
- Wie verhindern wir in Zukunft, dass wir wieder in schlechte alte Gewohnheiten und festgefahrene Denkmuster zurückfallen?

▶ **Der Blick nach außen: Der Kunde im Fokus**

Der Blick nach außen besteht aus:

- *Marktbeobachtung*
- *Kundenorientierung*

Marktbeobachtung

- Welche Veränderungen sehen wir im Markt?
- Was machen unsere Mitbewerber besser als wir?
- Inwiefern betrifft uns die Globalisierung?

(Siehe im Übrigen die Fragen im Kapitel Ist-Analyse (1): Stärken und Schwächen.)

Kundenorientierung

- Wer sind unsere Kunden?
- Wer sind nicht unsere Kunden? Warum nicht?
- Warum kaufen unsere Kunden unsere Produkte und Dienstleistungen?
- Welchen Nutzen bringen wir unseren Kunden?
- Welchen Mehrwert geben wir unseren Kunden, den sie bei unseren Mitbewerbern nicht bekommen?
- Wie bekommen wir zuverlässige Information darüber, was unsere Kunden wirklich wünschen?
- Wie verbessern wir das Verhältnis zu unseren Kunden?
- Was tun wir, um aus zufriedenen Kunden treue Kunden zu machen?

2. Ist-Situation

Der Facilitator bittet die Teilnehmer, die Ist-Situation des Unternehmens zu analysieren in Bezug auf:

- Stärken

- Schwächen

- Ressourcen

- Unternehmenskultur

(Siehe im Übrigen die Fragen im Kapitel 2 Ist-Analyse (1): Stärken und Schwächen.)

▶ Stärken

- ▦ Was sind unsere Stärken?
- ▦ Was können wir besonders gut?
- ▦ Worauf sind wir stolz?
- ▦ Für was bewundern uns andere?
- ▦ Um was beneiden uns andere?

▶ Schwächen

- ▦ Was sind unsere Grenzen?
- ▦ Inwiefern sind diese Grenzen real?
- ▦ Inwiefern sind diese Grenzen mentale Barrieren – ein Monster in unserem Kopf?
- ▦ Wie überwinden wir unsere mentalen Barrieren?
- ▦ Welches Know-how/Fachwissen fehlt uns?
- ▦ Wie steht es mit unserer Planung? (Zu wenig? Zu viel? Mangel an Koordination? Nacharbeit? Schwächen bei der Umsetzung von Entscheidungen?)

▶ Ressourcen

- ▦ Welche Ressourcen haben wir zur Verfügung? (Menschliche Ressourcen, finanzielle Ressourcen, Know-how und Kompetenz, Erfahrung, Zeit, Netzwerke)
- ▦ „Weiche Werte" (Fokus halten, innere Einstellungen und Verhaltensweisen, Ausdauer, soziale und emotionale Intelligenz, Disziplin, Vertrauen, Fähigkeit aus Fehlern zu lernen usw.)
- ▦ Frühere Erfolge? Was war/ist unser Erfolgsgeheimnis?

▶ Unternehmenskultur

- ▦ Wie ist unser Arbeitsklima?
- ▦ Welche Werte möchten wir behalten, verstärken, einführen?
- ▦ Von welchen negativen Verhaltensweisen wollen wir uns verabschieden?
- ▦ Welche Umgangsformen erwarten wir voneinander?
- ▦ Welche Anreize gibt es, um das erwünschte Verhalten zu fördern?
- ▦ Auf welche persönlichen Eigenschaften und soft skills achten wir bei der Einstellung von neuen Mitarbeitern?

3. Handlung

Um von der Vision zur Handlung zu kommen, bittet der Facilitator die Teilnehmer, mit ihrem erwünschten Schlussresultat (Vision) zu beginnen und schrittweise rückwärts bis zur Ist-Situation zu arbeiten:

- Was tun wir, um unsere Vision zu verwirklichen?
- Welche Meilensteine setzen wir uns unterwegs?
- Welche Hindernisse überwinden wir?
- Von wo bekommen wir die Energie zum Durchhalten, wenn Schwierigkeiten auftauchen?
- Wie unterstützen wir einander?
- Wer macht was, wann, wo, warum und wie oft?
- Wer informiert über was und wie oft an wen?
- Wie sichern wir uns Disziplin bei der Zielerreichung?
- Wie merken wir, wenn wir unser Ziel erreicht haben?
- Wer bestimmt, was ein Erfolg ist?
- Wie feiern wir unsere Erfolge?
- Wer evaluiert, was wir erreicht haben?
- Wer ist verantwortlich für die Nacharbeit?

Eine gemeinsame Vision entwickeln (2): Der intuitive Weg

Die nachfolgende Methode zum Entwickeln einer Vision lässt sich sowohl individuell als auch im Team durchführen. Sie beginnt mit einer intellektuellen Vorarbeit. Darauf aufbauend folgt eine intuitive Vorgehensweise mit Malen und kreativem Visualisieren.

Die Teilnehmer gehen durch drei Phasen:

- Eine Vision entwickeln

- Hindernisse überwinden

- Der Vision den letzten Schliff geben

Jede dieser drei Phasen besteht aus intellektueller Analyse, Vision malen und die Vision in entspanntem Zustand vor dem inneren Auge visualisieren.

In einem Unternehmen ist es von Vorteil, dass ein externer, neutraler Facilitator den Prozess leitet. Bei der Entwicklung einer persönlichen Vision stellen Sie sich selbst die nachfolgenden Fragen.

Eine Vision entwickeln

Der Facilitator beginnt mit einer Analyse der Ist-Situation. Er bittet die Teilnehmer, Fakten und Tatsachen über die jetzige Situation zu sammeln und ihre Stärken und Schwächen zu analysieren (siehe auch Methoden in Kapitel 2 Ist-Analyse (1): Stärken und Schwächen).

▶ **Intellektuelle Analyse**

Der Facilitator bittet die Teilnehmer, zunächst individuell zu arbeiten. Jeder beantwortet die folgenden Fragen – für sich allein – schriftlich:

- *Persönliche Vision*
- *Unternehmensvision*

Persönliche Vision

Wie wünschen Sie sich das Verhältnis zu:

- Ihren Vorgesetzten?
- Ihren Kollegen?
- Ihren Kunden?
- Ihrer Familie?
- Ihren Freunden?
- anderen wichtigen Menschen in Ihrem Leben?

Gemeinsame Vision für das Unternehmen

- Wie sieht Ihr Unternehmen in drei bis fünf Jahren aus?
- Was wollen Sie erreichen?
- Was ist dann anders im Vergleich zum Jetzt?
- Welche Stellung hat Ihr Unternehmen auf dem Markt?
- Welches Know-how haben Ihre Mitarbeiter?
- Welche Unternehmenskultur haben Sie?

Schreiben Sie Ihre Hoffnungen und Träume so konkret wie möglich auf. Nachdem Sie Ihr erwünschtes Schlussresultat in Form von Fakten und Tatsachen, Zahlen und Zeitpunkten analytisch beschrieben haben, verstärken Sie Ihr mentales Bild von dem Augenblick, in dem Sie Ihr Ziel erreichen, indem Sie auch Ihre sinnliche Wahrnehmung anregen:

- Was sehen Sie, wenn Sie das Ziel erreicht haben?
- Was hören Sie? Was sagen Ihre Mitarbeiter, Kunden, Kollegen, Vorgesetzten, Journalisten, Branchenverbände usw.? Was sagen Sie selbst, wenn Sie stolz Ihr Resultat präsentieren? Hören Sie schon die Champagnerkorken knallen?
- Was fühlen Sie? Die Mühe hat sich gelohnt. Sie können aufatmen. Was für ein Gefühl ist es, Erfolg zu haben?
- Was schmecken oder riechen Sie? Wie duftet das Essen, zu dem Sie Ihre Familie/Ihre Freunde/Ihre Kollegen einladen, um den Erfolg zu feiern?

Je mehr Sie Ihre sinnliche Wahrnehmung aktivieren, desto mehr steuert Ihr Unterbewusstsein Sie in Richtung auf Ihr Ziel. Der Facilitator fordert die Teilnehmer heraus, indem er noch einmal nachbohrt und in etwa Folgendes sagt:

„Hand aufs Herz

- Identifizieren Sie sich wirklich mit Ihrer Vision?
- Handelt es sich um etwas, was Sie selbst wollen, oder glauben Sie die vermeintlichen Erwartungen von anderen zufriedenstellen zu müssen?
- Gesetzt den Fall, die Vision wird Wirklichkeit: Sind Sie nun zufrieden?
- Sind Sie sicher, dass es genau das ist, was Sie wollen?
- Oder ist die Erreichung dieses Ziels nur ein Sprungbrett zu einem noch größeren Ziel?
- Was ist das eigentliche Ziel?
- Was hindert Sie daran, direkt das eigentliche Ziel anzusteuern?"

▶ Kreatives Visualisieren im entspannten Sinneszustand

Kreatives Visualisieren bedeutet, sich in einem entspannten Sinneszustand die Verwirklichung der Vision vorzustellen. Wenn linke und rechte Gehirnhälfte in Balance sind, denkt der Mensch klarer und kreativer.

Der Facilitator leitet die Teilnehmer in einen Alpha-Zustand:

„Sitzen Sie in bequemer Stellung oder liegen Sie mit dem Rücken auf dem Boden. Nehmen Sie drei tiefe Atemzüge und atmen Sie dann ruhig und regelmäßig aus dem Bauch.

(Ausatmen: Bauchmuskeln einziehen. Einatmen: Der Bauch wölbt sich wie ein Ballon nach außen).

Entspannen Sie sich.

Schließen Sie Ihre Augen und lassen Sie sich ganz fallen."

Umgang mit störenden Gedanken während des Entspannens

In dem Augenblick, in dem Sie sich ganz entspannen wollen, kommen tausend Gedanken dazwischen. Alles von „Welche Dokumente nehme ich zur Besprechung mit?" bis zu „Was koche ich zu Mittag?" scheint plötzlich einer dringenden Lösung zu bedürfen. Hier einige Tricks, wie Sie störende Gedanken abstellen können:

- Kämpfen Sie nicht gegen störende Gedanken an, sondern stellen Sie sich vor, dass diese auf der einen Seite in den Kopf hineinfließen und auf der anderen Seite wieder heraus.
- Stellen Sie sich vor, dass sich Ihre Gedanken langsam von selbst auflösen.
- Schreiben Sie (in Ihrer Fantasie) Ihre Gedanken auf eine Tafel. Nehmen Sie dann einen Schwamm und wischen Sie sie weg.
- Stellen Sie sich vor, dass Sie Ihre Gedanken in einen Fesselballon legen. Lassen Sie die Leine los und den Ballon entschweben.
- Falls Sie trotz aller Versuche zu entspannen immer noch eine Anspannung im Nacken, den Beinen usw. fühlen, richten Sie Ihre Aufmerksamkeit auf diesen Körperteil und stellen Sie sich vor, dass Sie durch diese Stelle ein-und ausatmen können.

▶ Kreatives Visualisieren

Wenn Sie vollkommen entspannt sind, malen Sie mentale Bilder von Ihrer Vision. Lassen Sie Ihrer Fantasie freien Lauf. Vertrauen Sie auf Ihre Intuition.

Machen Sie eine Reise zu dem Zeitpunkt, an dem Sie Ihr Ziel erreicht haben. Stellen Sie sich vor, es seien drei oder fünf Jahre vergangen und Sie schauen zurück zur Gegenwart. Malen Sie ein mentales Bild.

- Was hat sich verändert?
- Welche Konsequenzen hat das Geschehene für wen mit sich geführt?
- Was meinen die Betroffenen dazu?
- Was sagen sie?
- Was bedeutet dies für Sie?
- Wie fühlen Sie sich?
- Was gibt Ihnen ein gutes Gefühl?
- Was ändern Sie, um allein beim Gedanken in gute Laune zu kommen?

Seien Sie realistisch, aber optimistisch. Natürlich haben Sie den Erfolg verdient. Kommen Sie zurück ins Hier und Jetzt, indem Sie tief einatmen, sich strecken, gähnen und die Augen öffnen. Sie sind wieder ganz wach (Beta-Zustand) und schreiben alle neuen Einsichten und guten Ideen auf.

▶ **Vision malen**

Der Facilitator hält Öl- oder Aquarellfarben, Pinsel und Zeichenblock bereit und stellt im Hintergrund leise Entspannungsmusik an. Er ermuntert die Teilnehmer, ihre Vision zu malen und sagt in etwa Folgendes:

„Bilder und Symbole fördern die Kreativität. Nehmen Sie sich deshalb die Zeit, Ihre Vision zu malen. Malen Sie mit der linken Hand (Linkshänder malen mit der rechten Hand). Malen bringt neue Einsichten. Dinge, die Sie als wichtig ansahen, vergessen Sie möglicherweise in Ihrem Bild. Vielleicht sind sie doch nicht so wichtig, wie Sie dachten? Andere Dinge, denen Sie nicht viel Aufmerksamkeit gewidmet haben, nehmen plötzlich viel Platz auf dem Bild ein. Vielleicht ist dies ein Signal, um Ihre Prioritäten zu ändern?"

Wenn Ihr Ziel die Entwicklung einer Unternehmensvision ist, sprechen Sie im Führungsteam miteinander über Ihre Erfahrungen beim kreativen Visualisieren. Achten Sie darauf, dass Ihre gemeinsame Vision eine Balance zwischen harten und weichen Werten enthält.

Hindernisse überwinden

▶ **Intellektuelle Analyse**

Denken Sie nun an alle Hindernisse. Sehen Sie pechschwarz. Welche Störfaktoren gibt es in den äußeren Umständen? Was sind Ihre eigenen mentalen Barrieren?

Potenzielle externe Störfaktoren

▪ Wer oder was hindert Sie daran, Ihr Ziel zu erreichen?
▪ Was tun Ihre Widersacher? Was sagen sie? Welche Reaktionen zeigen sie auf Ihre Vorschläge?
▪ Wie fühlen Sie sich behandelt? Setzt Sie jemand unter Druck? Droht jemand mit unangenehmen Konsequenzen? Wie antworten Sie darauf?
▪ Wie hoch sind die Kosten der Verwirklichung Ihrer Träume?
▪ Welche Opfer sind Sie zu bringen gewillt?
▪ Ist Ihr Ziel realistisch? Glauben Sie selbst daran? Haben Sie eine Chance, es zu erreichen?
▪ Haben Sie das nötige Know-how? Falls nicht: Wie erwerben Sie es?
▪ Welche dieser Hindernisse existieren wirklich, und welche sind Einbildung?

Mentale Blockaden

Schreiben Sie alle negativen Gedanken über sich selbst auf. Überprüfen Sie selbstkritisch Ihre eigenen Denkmuster und unbewussten Glaubenssätze.

Wie oft senden Sie sich selbst negative Botschaften: „Das schaffe ich nie und nimmer." „Im Grunde habe ich es nicht verdient." „Die akzeptieren mich nicht." „Die unterschätzen mich." „Die verstehen mich nicht." „Die sehen nicht, was in mir steckt" usw.?

Sind Sie sich dessen bewusst, dass der Zweifel anderer nur ein Spiegelbild Ihres eigenen Zweifels und Ihrer eigenen Unsicherheit ist?

Überprüfen Sie, inwiefern Ihr negatives Urteil über andere Menschen auf mangelndem Selbstbewusstsein beruht. Könnte es sein, dass Sie eigene Schwächen in anderen wiedererkennen? Könnte es sein, dass Sie sich über andere ärgern, weil diese über eine Stärke verfügen, die Sie selbst gerne hätten? Könnte es sein, dass Sie andere Menschen ablehnen, weil Sie insgeheim fürchten, von diesen abgelehnt zu werden und einer potenziellen Abweisung zuvorkommen wollen?

Welche Argumente gebrauchen Sie – bewusst oder unbewusst – um sich selbst daran zu hindern, Dinge zu tun, die Sie im Grunde für wichtig und richtig erachten?

Beruhen diese Argumente auf Ihren eigenen Überzeugungen oder wiederholen Sie noch als Erwachsener, was einst Vater oder Mutter meinten, die sich ihrerseits wieder von Großvater oder Großmutter beeinflussen ließen?

Versuchen Sie, Ihre festgefahrenen Denkmuster zu durchschauen. Richtet sich Ihre Energie auf das, was Sie wollen oder auf die Abwehr dessen, was Sie nicht wollen? Sehen Sie die Wirklichkeit wie sie ist, oder filtern Sie neue Eindrücke durch die Brille Ihrer alten Vorurteile und sehen nur das, was zu Ihrer vorgefassten Meinung passt?

Sind Sie der Chef für Ihr eigenes Leben oder ein Opfer der äußeren Umstände? Suchen Sie nach einem Sündenbock, wenn etwas schief läuft oder akzeptieren Sie die Verantwortung für die Konsequenzen Ihres eigenen Tuns?

Positive Affirmationen

Eine Affirmation ist eine Form der Selbstsuggestion. Sinn und Zweck von Affirmationen ist es, durch ständiges Wiederholen von positiven Glaubenssätzen das Selbstbewusstsein zu stärken und negative Denkmuster durch positive zu ersetzen.

Eine Affirmationen benutzt die Gegenwartsform („Ich bin, ich habe usw."). Im Unterbewusstsein ist der gewünschte Zustand damit bereits hergestellt. Die Gedanken beeinflussen die Gefühle und resultieren in Handlungen. Wer handelt, schafft sich seine eigene Wirklichkeit.

> *Watch your thoughts, they become words;*
> *watch your words, they become actions;*
> *watch your actions; they become habits;*
> *watch your habits, they become character;*
> *watch your character, for it becomes your destiny.*
> *Frank Outlaw*

Eine Affirmation beschreibt einen Ist-Zustand und vermeidet normative Formulierungen wie „müssen", „sollen" oder „dürfen" und deren Negationen („Ich darf nicht"). Stattdessen verwendet eine Affirmation positive und energiegeladene Worte wie „wollen", „können" und „wagen".

Der nächste Schritt besteht darin, die Punkte auf der Negativ-Liste in positive Aussagen zu verwandeln.

Beispiel

> *Die Erfüllung Ihres Ziels ist mit einem Risiko verbunden.*
> Negative Formulierung: „Es darf auf keinen Fall etwas schief gehen" oder „Ich darf unter keinen Umständen einen Fehler machen".
> Positive Affirmation: Schätzen Sie das Risiko nüchtern ab, und falls Sie bereit sind, es einzugehen, programmieren Sie sich auf Erfolg: „Ich erlaube mir, dies oder jenes zu tun. Ich akzeptiere die Verantwortung für die Konsequenzen meines Handelns".
> *Gesetzt den Fall, Sie haben eine Autoritätspsychose oder hassen es, Kaltakquise am Telefon zu machen.*
> Negative Formulierung: „Hoffentlich merkt er nicht, dass ich unsicher bin" oder „Meine Stimme darf jetzt nicht zittern".
> Positive Affirmation: „Ich mag den Umgang mit Top-Managern/berühmten Persönlichkeiten usw." oder „Ich habe etwas Wichtiges mitzuteilen".
> *Angst vor der Abweisung:*
> Negative Formulierung: „Keiner hört auf mich" oder „Mich nimmt keiner ernst".
> Positive Affirmation: „Ich bin willkommen". „Die Leute schätzen meine Kompetenz". „Ich gehöre dazu".
> *Aufhören zu rauchen:*
> Negative Formulierung: „Eigentlich sollte ich nicht mehr rauchen" oder „Ich darf nicht rauchen".
> Positive Affirmation: „Ich genieße es, frische und saubere Luft einzuatmen" oder „Ich fühle mich wohl in meinem gesunden Körper".
> Affirmationen wirken am besten, wenn sie maßgeschneidert sind. Schreiben Sie sich Ihre persönlichen Mutmacher in kurzen Schlagworten auf. Wiederholen Sie diese so oft wie möglich. Wiederholung ist wichtig für den Erfolg. Sprechen Sie laut zu sich selbst (zum Beispiel beim Autofahren). Affirmationen sind eine Herausforderung an die Selbstdisziplin. Regelmäßiges Training bringt den erwünschten Erfolg.

▶ **Entspannen und visualisieren**

Der Facilitator macht mit den Teilnehmern eine Entspannungsübung und schließt daran eine Fantasiereise an:

„Sitzen Sie in einer angenehmen Stellung oder liegen Sie mit dem Rücken auf dem Boden. Schließen Sie Ihre Augen und atmen Sie ruhig und regelmäßig. Gehen Sie in einen Alpha-Zustand. Wenn Sie völlig entspannt sind, lassen Sie noch einmal Ihre mentalen Sperren an Ihrem inneren Auge vorbei passieren. Lassen Sie die Hindernisse größer und größer werden. Atmen Sie dann tief aus und stellen Sie sich vor, wie Sie die Hindernisse mit jedem Atemzug weiter und weiter von sich fortschieben. Sehen Sie, wie die Hindernisse kleiner und kleiner werden, bis sie schließlich ganz am Horizont verschwinden.

Stellen Sie sich nun Ihr Ziel vor. Atmen Sie tief ein und ziehen Sie mit jedem Atemzug Ihr Ziel näher an sich heran. Genießen Sie es, ins Ziel zu kommen."

Der Facilitator beendet die Fantasiereise und holt die Teilnehmer zurück ins Hier und Jetzt.

Es ist wichtig, dass Sie jede Übung zurücknehmen, indem Sie die Hände und Füße langsam bewegen, sich strecken, gähnen, mit den Schultern rollen, sehr langsam aufstehen und dann noch einmal die Arme ausschütteln.

Achtung! Fahren Sie nicht in Trance Auto! Machen Sie zur Sicherheit noch einige gymnastische Lockerungsübungen.

Der Vision den letzten Schliff geben

Die Teilnehmer betrachten ihre Vision nun noch einmal im Wachzustand. Der Facilitator bittet Sie, ihrer Vision den letzten Schliff zu geben:

- ▨ Haben Sie wirklich alle Möglichkeiten erforscht? Gibt es noch bessere Alternativen?
- ▨ Ist Ihre Vision klar und konkret?
- ▨ Weckt Ihre Vision Begeisterung in Ihnen? Ist es wirklich das, was Sie wollen?
- ▨ Identifizieren Sie sich mit Ihrer Vision?
- ▨ Wird Ihre Vision bei anderen Begeisterung wecken?
- ▨ Ist Ihre Vision praktisch durchführbar?
- ▨ Haben Sie selbst Einfluss auf die Verwirklichung der Vision?
- ▨ Haben Sie die notwendigen Ressourcen, um Ihre Vision von der Idee zur Wirklichkeit zu bringen?
- ▨ Passt Ihre Vision zu Ihrer Unternehmensphilosophie? Falls nicht: Wollen Sie die Vision oder die bisherige Unternehmenspolitik ändern?
- ▨ Passt Ihre Vision zu Ihrem Selbstverständnis und zu Ihren Werten?

▶ Entspannen und visualisieren

Vorgehensweise wie oben.

▶ Vision malen

Vorgehensweise wie oben

Regelmäßiges Training macht Visionsdenken zu einer guten Angewohnheit. Unabhängig davon, ob es um die großen Entscheidungen des Lebens geht oder die kleinen Wahlmöglichkeiten des Alltags: Das Gehirn sieht, was es zu sehen erwartet. Wer positiv und zielorientiert denkt, stärkt sein Selbstvertrauen und seine positive Ausstrahlung. Die Menschen vertrauen dem, der sich selbst vertraut.

Eine gemeinsame Vision entwickeln (3): Großgruppenmethoden

Der schnellste Weg, um eine gemeinsame Vision zu entwickeln und erfolgreich umzusetzen ist, die Betroffenen zu Beteiligten zu machen: sie von Anfang an aktiv in den Veränderungsprozess einzubeziehen. Mitwirkung an der Formulierung von Zielen und Entscheidungen schafft persönliche Identifikation mit den Ergebnissen und beschleunigt die Umsetzung.

Kreative und strukturierte Arbeitsmethoden sorgen dafür, dass der Dialog über die Zukunft zielgerichtet ist und den Beteiligten Spaß macht.

Anwendungsbereiche für Großgruppenmethoden

Großgruppenmethoden dienen dazu, schnell im Konsens Lösungen zu finden – zum Beispiel:

- Probleme lösen
- Gemeinsam eine Vision, eine Strategie oder ein Leitbild erarbeiten
- Aufbruchstimmung erzeugen
- Mergers und Fusionen zum Erfolg bringen
- Produktinnovationen fördern

▶ **Probleme lösen**

Großgruppenmethoden eignen sich in folgenden Situationen:

- Die Probleme sind komplexer Natur und lassen sich nicht von einer Einzelperson oder von einem kleinen Team lösen.
- Die Lösungsfindung erfordert die interdisziplinäre Zusammenarbeit von vielen Menschen.
- Das Unternehmen ist auf das Wissen und die Erfahrung von unterschiedlichen Interessengruppen angewiesen.
- Die Umsetzung der gefundenen Lösung ist abhängig von der Akzeptanz großer Gruppen.

Vorteile von Großgruppenmethoden bei der Problemlösung

Der Vorteil einer Einbeziehung aller Interessenten besteht darin, dass die Betroffenen aus ihrer Opferrolle herauskommen. Anstatt die äußeren Umstände für ihr Problem verantwortlich zu machen, ergreifen sie die Initiative und übernehmen die Verantwortung für die Lösung des Problems.

▶ Gemeinsam eine Vision, eine Strategie oder ein Leitbild erarbeiten

Großgruppenmethoden eignen sich in folgenden Situationen:

- ■ Das Top-Management will sehr schnell ein Leitbild, eine gemeinsame Unternehmensvision und eine neue Strategie zur Zielerreichung erarbeiten.

- ■ Für die schnelle Umsetzung ist die Verankerung im gesamten Unternehmen ausschlaggebend. Konsens ist wichtig.

- ■ Die optimale Nutzung der verfügbaren Ressourcen (Wissen, Erfahrung, Netzwerke) ist erwünscht.

- ■ Die Beziehung zu anderen Interessenten (Kunden, Lieferanten, Aktionären, Medien usw.) soll langfristig verbessert und gestärkt werden.

Vorteile von Großgruppenmethoden bei der Entwicklung von Visionen,
Strategien und Leitbildern

Der persönliche Kontakt und der Erfahrungsaustausch mit Kollegen und Vorgesetzten, Kunden und Lieferanten stärken die Bereitschaft zum Konsens. Aus einer „die da oben" – und „wir da unten" – Stimmung entsteht ein Wir-Gefühl.

Großgruppenmethoden sind ein Lernprozess: Die Teilnehmer lernen voneinander und entwickeln ein besseres Verständnis füreinander. Sie sehen sich selbst im Spiegel und hinterfragen ihre eigene Wirklichkeitsauffassung, ihre Motive, Verhaltensweisen und Reaktionen. Sie erkennen besser die Herausforderungen des Unternehmens. Sie entdecken, dass sie Wahlmöglichkeiten haben und selbst einen Beitrag leisten können, damit die gewünschte Zukunft Wirklichkeit wird. Sie erfahren, dass gelebte Werte wie gegenseitiger Respekt, Vertrauen und Hilfsbereitschaft die Zielerreichung beschleunigen.

▶ Aufbruchstimmung erzeugen

Großgruppenmethoden eignen sich in folgenden Situationen:

- ■ Das Unternehmen/die Gemeinde/der Verband will Aufbruchstimmung erzeugen und die Interessenten gemeinsam ins Boot holen.

- ■ Ein Führungswechsel an der Spitze erfordert die Anpassung der existierenden Vision. Der neue Top-Manager will alle Mitarbeiter um eine gemeinsame Vision sammeln.

Vorteile von Großgruppenmethoden beim Erzeugen von Aufbruchstimmung

Großgruppenmethoden eignen sich vorzüglich für das Management von Veränderungsprozessen. Sie motivieren die Teilnehmer und verbessern die zwischenmenschliche Kommunikation. Daraus resultieren eine offenere Unternehmenskultur und eine positivere Einstellung zum Wandel.

Während traditionelle Vorgehensweisen sich über Monate oder gar Jahre erstrecken, erbringen Großgruppenmethoden schon nach zwei bis drei Tagen messbare Resultate: eine gemeinsame Vision, einen Handlungsplan, die Konzeption von neuen Projekten usw.

▶ Mergers und Fusionen zum Erfolg bringen

Großgruppenmethoden eignen sich in folgenden Situationen:

- Im Zusammenhang mit Fusionen oder Mergern wünscht das Top-Management eine gemeinsame Vision und eine Verschmelzung der unterschiedlichen Unternehmenskulturen.

- Ein wichtiger Grund für eine Fusion ist die Erwartung von Synergieeffekten, wenn zwei Unternehmen ihre Ressourcen bündeln. Diese Hoffnung erfüllt sich in vielen Fällen nicht. Im Gegenteil: Häufig beginnen nach der Fusion die Probleme erst richtig.

- Angst vor Verlust des Arbeitsplatzes und vor Nachteilen für die eigene Karriere bringen die Gerüchteküche zum Brodeln. Die Mitarbeiter verbringen mehr Zeit mit Spekulationen, was als nächstes geschieht, als ihre Arbeit zu tun. Die Produktivität sinkt.

- Entlassungen im Zuge von Fusionen führen zu einer Verunsicherung auch der verbleibenden Mitarbeiter. Erfahrungsgemäß verlassen die Besten freiwillig das Unternehmen. Damit verschwinden Know-how, Erfahrung und Kontakte. Der Kunde folgt dem Mitarbeiter. Der Umsatz sinkt. Die Rekrutierung und Einarbeitung von neuen Mitarbeitern kosten Zeit und Geld. Außerdem binden sie Ressourcen für diese Aufgaben.

- Zwei unterschiedliche Unternehmenskulturen existieren oft noch Jahre nach der Fusion nebeneinander. Jeder Part identifiziert sich mit „seinem" Unternehmen. Es fehlen eine gemeinsame Vision und Identifikation mit den Unternehmenszielen.

- Fusionen schaffen interkulturelle Probleme. Sprache und Gepflogenheiten für den Umgang miteinander sind bei Zusammenschlüssen über die Landesgrenzen hinaus unterschiedlich. Das Wertesystem ist grundverschieden. Verhaltensweisen werden falsch interpretiert. Daraus entstehen Reibungsverluste, Missverständnisse und Konflikte.

- Wenn „der Kuchen zu klein ist, um alle satt zu machen", entsteht ein Verteilungskampf. Interne Kostensenkungs- und Restrukturierungsmaßnahmen lassen latente Rivalitäten zwischen Personen, Abteilungen und Bereichen offen ausbrechen. „Innere Kündigung" senkt die Produktivität.

Die Liste potenzieller Gefahren ließe sich beliebig fortsetzen. Deshalb ist die Schaffung einer gemeinsamen Unternehmenskultur auch bei Fusionen überlebenswichtig. Hierzu sind Großgruppenmethoden bestens geeignet.

Vorteile von Großgruppenmethoden bei Mergers und Fusionen

Die fusionierenden Unternehmen entwickeln in sehr kurzer Zeit eine gemeinsame Vision, gemeinsame Werte und eine gemeinsame Unternehmenskultur.

Das Management gibt Mitarbeitern und Kunden homogene Signale.

Für den langfristigen Erfolg von Großgruppenkonferenzen ist es wichtig, schon in der Planungsphase die Nacharbeit (Evaluierung, Prozessbegleitung, Training und Coaching) fest zu verankern.

▶ **Produktinnovationen fördern**

Großgruppenmethoden eignen sich in folgenden Situationen:

- ▪ Das Top-Management wünscht eine Erhöhung der Innovationsgeschwindigkeit.
- ▪ Vorhandene Produkte und Dienstleistungen sollen verbessert werden.
- ▪ Der Anteil von neuen Produkten und Dienstleistungen am Umsatz soll erhöht werden.

Vorteile von Großgruppenmethoden beim Födern von Produktinnovationen

Großgruppenmethoden fördern den Gedanken- und Erfahrungsaustausch, aus dem heraus oft Innovationen entstehen. Wissen ist die einzige Ressource, die wächst, wenn man sie teilt.

Das Unternehmen nutzt die Kompetenz, Erfahrung und die Kontakte der Teilnehmer. Die Zusammenarbeit geht in einer effizienten und strukturierten Form zügig vonstatten.

Die Zukunftskonferenz

Sinn und Zweck einer Zukunftskonferenz ist es, für eine große Anzahl von unterschiedlichen Interessengruppen eine gemeinsame Wirklichkeitsauffassung zu schaffen und Konsens über eine Zukunftsvision zu erzielen.

Marvin Weisbord und Sandra Janoff (siehe www.acresolution.org und Literaturverzeichnis) haben dazu einen strukturierten Prozess (future search) entwickelt. Die hier präsentierte Vorgehensweise ist eine Weiterentwicklung der Autorin. Sie beruht auf Diskussionen mit Sandy Weiner, Fritz Walter und Martin Gaedt und weicht in einigen Punkten vom Weisbord/Janoff-Modell ab.

Die Zukunftskonferenz eignet sich sowohl für Unternehmen als auch für Verwaltungen, Verbände und Vereinigungen. Sie ist eine Dialog-, Planungs- und Mobilisierungsmethode, die zur Konsensfindung die Betroffenen in einem Raum vereint (optimal 30 bis 80 Personen).

Vorbereitung und Planung

Der Erfolg einer Zukunftskonferenz steht und fällt mit der Vorbereitung und der Nacharbeit.

In der Planungsphase ist Folgendes zu tun:

Das Top-Management eines Unternehmens (oder einer Gemeinde, eines Verbandes usw.) beruft einige Wochen vor der Zukunftskonferenz eine Steuerungsgruppe ein. Erfahrungsgemäß sind zwei bis vier Sitzungen zu drei bis vier Stunden zur Vorbereitung der Konferenz erforderlich.

▶ **Zusammensetzung der Steuerungsgruppe**

Die Steuerungsgruppe setzt sich aus sechs bis acht Vertretern folgender Gruppen zusammen:

▪ Mindestens ein Repräsentant des Top-Managements (zum Beispiel eine Leitfigur wie der Vorstandsvorsitzende oder der Geschäftsführer, Vertreter der oberen Führungsebene, Personalchef, Leiter Personalentwicklung, Leiter Unternehmenskommunikation).

▪ Zwei bis vier externe Moderatoren, die den Prozess begleiten (Facilitators).

▪ Experten, deren Fachwissen in der anstehenden Sache unabdingbar ist (zum Beispiel Experten auf einem bestimmten Fachgebiet, charismatische Meinungsführer, besonders kreative Mitarbeiter, Kunden, Lieferanten).

- Menschen mit Macht, die den Prozess stören, verlangsamen oder gar sabotieren könnten, wenn sie nicht von Anfang an eingebunden sind und sich mit den Resultaten identifizieren (zum Beispiel Vertreter von Gewerkschaften, Medien und Interessenverbänden).

- Ein Querschnitt der Mitarbeiter des Unternehmens beziehungsweise der Teilnehmer der Konferenz.

▶ **Aufgaben der Steuerungsgruppe**

Die Aufgaben der Steuerungsgruppe bestehen darin:

- Die Zielsetzung der Zukunftskonferenz genau zu definieren.

- Die Aufgabenstellung in den verschiedenen Phasen und den Ablauf der Zukunftskonferenz an die speziellen Herausforderungen des Veranstalters anzupassen.

- Die Interessengruppen zu bestimmen.

- Die Teilnehmer zu benennen und zur Teilnahme zu motivieren.

- Inhalt und Form der Einladung zu gestalten.

- Die Einladungen zu verschicken (Brief, E-Mail, Fax, Telefon, persönliche Ansprache) und nach einer Woche nachzufassen.

- Die Finanzierung sicherzustellen.

- Die Termine für die Sitzungen der Steuerungsgruppe, die Zukunftskonferenz und die Nacharbeit festzusetzen.

- Den Ort der Zukunftskonferenz auszuwählen.

- Die logistischen Voraussetzungen für die Zukunftskonferenz zu schaffen (Ausstattung der Räume, Arbeitsmaterial, Verpflegung).

- Art und Umfang der Dokumentation festzulegen (Haus-Magazin, Live Übertragung im Internet, Website).

- Die Ergebnisse der Zukunftskonferenz zu kommunizieren (Medienkontakt, Verbandszeitschriften). Die Auswertung geschieht in Form einer externen Evaluation oder eines internen Berichtes. Dabei ist es wichtig, auch diejenigen Interessengruppen zu informieren, die nicht persönlich an der Konferenz teilgenommen haben.

- Die Nacharbeit zu gewährleisten.

- Die Projektgruppen, die sich auf der Zukunftskonferenz bilden, in ihrer Arbeit zu unterstützen.

▶ **Die Interessenten (stakeholders)**

Die Steuerungsgruppe betreibt – unter Anleitung eines externen Moderators – ein Brainstorming, um aufzulisten, wessen Interessen von der aktuellen Fragestellung betroffen sind. Die Teilnehmer nennen 30 bis 40 Interessengruppen.

▶ **Die Eingeladenen**

Die Steuerungsgruppe bestimmt die einzuladenden Personen. Sind 80 Teilnehmer geplant, werden 100 bis 150 Leute angefragt. Es ist damit zu rechnen, dass nicht alle an dem vereinbarten Termin zur Verfügung stehen.

Die breite Beteiligung von Mitarbeitern, Kunden, Lieferanten, Behörden und anderen „stakeholders" holt viele Sichtweisen in den Raum, fördert das wechselseitige Lernen und das Verständnis füreinander. Mitwirkung motiviert und schafft Identifikation. Nach der Zukunftskonferenz tragen viele die vereinbarten Ziele mit, strahlen den neuen Geist aus und engagieren sich für die Umsetzung der Maßnahmen.

▶ **Die Einladung**

Die Steuerungsgruppe entwickelt für die Zukunftskonferenz ein eigenes Logo. Die Einladung beginnt mit einem aussagekräftigen Motto (zum Beispiel: „Stahnsdorf zeigt Profil" oder „Oldenburg im Aufwind"). Es folgt eine kurze Beschreibung von Sinn und Zweck der Zukunftskonferenz sowie Information über Zeit, Ort und ein vorbereitetes Antwortschreiben (Brief, Fax oder E-Mail).

Die Steuerungsgruppe bestimmt Verantwortliche, die eine Woche nach Versenden der Einladung telefonisch nachfassen.

▶ **Die Finanzierung**

Unternehmen finanzieren die Zukunftskonferenz aus eigenen Mitteln. Bei Behörden und Verbänden ist es üblich, Sponsoren aus der Wirtschaft zu gewinnen.

▶ **Die Termine**

Die Steuerungsgruppe legt die Termine für die vorbereitenden Sitzungen und die Zukunftskonferenz (meistens Freitag bis Sonntag) fest. Außerdem ist es wichtig, bereits in der Planungsphase die Termine für die Nacharbeit zu bestimmen. Ein nachhaltiger Erfolg erfordert eine systematische Umsetzung der getroffenen Entscheidungen.

▶ **Der Ort**

Die Zukunftskonferenz findet möglichst an einem externen Ort statt (ca. eine Stunde Fahrzeit vom Arbeitsplatz). Behörden wählen öffentliche Versammlungsräume. Die Teilnehmer konzentrieren sich auf die gemeinsame Aufgabe und nehmen davon Abstand, während der Zukunftskonferenz in ihre Büros zu gehen, Post zu bearbeiten, Anrufe zu tätigen, E-Mails zu schreiben usw.

Die Übernachtung der Teilnehmer am Tagungsort ist für die zwischenmenschliche Kommunikation und die Bildung von Netzwerken förderlich. Falls hierzu keine finanziellen Ressourcen zur Verfügung stehen, übernachten die Teilnehmer zu Hause.

▶ Die Räumlichkeiten

Die gesamte Zukunftskonferenz geht in ein und demselben großen Raum vonstatten. Erforderlich sind 3 bis 4 qm pro Teilnehmer, mehr als 3 m hohe Räume, viel Tageslicht, Wände und Stelltafeln zum Aufhängen der Flipcharts.

Die Teilnehmer sitzen in Teams zu acht Personen um – möglichst runde – Tische während der gesamten Konferenz im gleichen Raum.

Insgesamt stehen zur Verfügung:

- Acht bis zehn Tische für je acht bis zehn Teilnehmer.
- Namensschilder (auf den Tischen und zum Anstecken).
- Pro Tisch ein Flipchart.
- Insgesamt zwölf Pinnwände (eine pro Tisch, den Rest für die Sammlungen im Plenum).
- Ein Standmikrofon pro Tisch. Mikrofone für die Moderatoren und Redner.
- Filzstifte in mehreren Farben zum Schreiben.
- Kugelschreiber und Papier für die persönlichen Notizen der Teilnehmer.
- Ein zentraler Beamer oder Overheadprojektor, eine große Leinwand.
- Eine Rolle mit Zeitungspapier zum Erstellen einer Wandzeitung (Riesen-Mind-Map).
- Krepppapier, Zeichenpapier, ein CD-Spieler, Kassetten und CDs, farbige Wachsstifte, Kleberolle, Sicherheitsnadeln, Wäscheklammern für die kreativen Präsentationen der einzelnen Gruppenvisionen.

▶ Die Verpflegung

Je nach Örtlichkeit findet die Verpflegung in einem Restaurant oder durch Catering statt. Leichte und gesunde Kost sind von Vorteil. Auf den Tischen steht Wasser bereit. Alkohol nur am Samstagabend zum Feiern des Erfolges.

▶ Die Dokumentation

Die Dokumentation besteht aus einem Medien-Mix: Website, Haus-Magazin, Videofilm, Live-Übertragung im Internet. Die finanziellen Möglichkeiten entscheiden über die Wahl des geeigneten Mediums. Eine Website hat den Vorteil, dass die Teilnehmer vor, während und nach der Zukunftskonferenz Informationen einstellen und ständig aktualisieren können.

▶ **Die Rolle der Moderatoren**

Die Moderatoren agieren als neutrale Helfer (Facilitators). Die Teilnehmer sind selbst für die Resultate (das Was?) verantwortlich. Die Moderatoren verantworten den Prozess (das Wie?). Ihre Aufgabe besteht darin:

▪ Die konzeptionelle Vorbereitung der Konferenz erfolgt gemeinsam mit der Steuerungsgruppe.

▪ Erstellung einer Tagungsunterlage für die Teilnehmer. Diese enthält unter anderem folgende Punkte: Einführung über Sinn und Zweck einer Zukunftskonferenz, Programm und Verlauf der Zukunftskonferenz, Festlegung der Zeiten, Arbeitsaufträge für die Teilnehmer, Platz für eigene Notizen. Das Unternehmen kopiert und bindet die Tagungsunterlagen.

▪ Moderation der Konferenz (gemeinsam mit den Teilnehmern die Spielregeln für den Umgang miteinander festsetzen. Eine angenehme Arbeitsatmosphäre schaffen. Einen offenen Dialog in Gang setzen und den Prozess steuern. Dafür sorgen, dass jeder zu Wort kommt, aber keiner dominiert. Darauf achten, dass die Teilnehmer sich an die vereinbarten Zeiten halten. Die Teilnehmer motivieren. Sich jeder bewertenden oder verurteilenden Bemerkung enthalten (wie zum Beispiel gut, schlecht, vollständig, nützlich, sinnlos, angemessen, überflüssig).

▪ Nachbereitung der Zukunftskonferenz zusammen mit der Steuerungsgruppe.

▪ Erstellen der Dokumentation über die Zukunftskonferenz.

Es ist von großem Vorteil, Moderatoren auszuwählen, die Kreativitätstechniken wie „Mind Mapping", „Die sechs Hüte des Denkens" und „Laterales Denken" beherrschen und in die Zukunftskonferenz einbringen (siehe unten).

Die Durchführung

Die Zukunftskonferenz beginnt an einem Freitag um 13.00 Uhr. Der Vorstandsvorsitzende (Geschäftsführer, Bürgermeister usw.) hält eine Eröffnungsrede (zehn bis 15 Minuten) über Sinn und Zweck der Zukunftskonferenz und stellt die Moderatoren vor. Danach ist der Top-Manager ein Gleicher unter Gleichen.

Die Moderatoren geben eine Gesamtübersicht über das Programm und stellen Methode und Ablauf vor.

▶ **Phasen der Zukunftskonferenz**

Der Ablauf der Konferenz geschieht im ständigen Wechsel zwischen individueller Arbeit, Gedankenaustausch im Team, Präsentieren der Ergebnisse im Plenum und offener Diskussion im Plenum – gefolgt von einer Zusammenfassung durch die Moderatoren.

Die Zusammensetzung der Gruppen wechselt ebenfalls.

- Phase 1: bunt durcheinander gewürfelte Gruppe (Teilnehmer vorher festlegen)
- Phase 2: Gruppe mit gemeinsamen Interessen (stakeholder group)
- Phase 3: Gruppe mit gemeinsamen Interessen
- Phase 4: bunt durcheinander gewürfelte Gruppe
- Phase 5: bunt durcheinander gewürfelte Gruppe
- Phase 6: Es formieren sich neue Projektgruppen

Die Zukunftskonferenz besteht aus sechs Phasen:

1. Rückblick in die Vergangenheit: Wo kommen wir her?

2. Analyse der Ist-Situation: Was sind unsere (internen) Stärken und Schwächen?

3. Analyse des Umfeldes: Welche (externen) Trends und Entwicklungen beeinflussen unsere Zukunft?

4. Gemeinsame Zukunftsvision: Wo wollen wir hin?

5. Konsens finden: Welche Ziele werden von allen getragen?

6. Handlungsplan: Was ist zu tun?

▶ **Rückblick in die Vergangenheit: Wo kommen wir her?**

Der erste Arbeitsschritt beginnt mit einem Rückblick in die Vergangenheit. Er dient dem Warmwerden der Teilnehmer miteinander, dem Herausfinden von gemeinsamen Wurzeln und der Schaffung einer gemeinsamen Wirklichkeitsauffassung. Gleichzeitig legt er die Basis, um in späteren Phasen die Zukunft zu erkunden.
Zeit: $2^1/2$ Stunden – zum Beispiel von 14 bis 16:30 Uhr
Zehn Minuten individuelle Arbeit:
Jeder Teilnehmer blickt in die Vergangenheit zurück und macht sich persönliche Notizen, was sich in seinem Leben ereignet hat (Beruf, Privatleben, gesellschaftliche und politische Entwicklung).
Eine Stunde Gruppenarbeit:
Die um den Tisch versammelte Gruppe ernennt einen Sprecher, der das Ergebnis der Gruppendiskussion im Plenum präsentiert. Die Teilnehmer tauschen ihre Erfahrungen miteinander aus. Gemeinsam listen sie wichtige Ereignisse, Meilensteine und Höhepunkte der Vergangenheit auf. Der Gruppensprecher notiert und fasst die Ergebnisse zusammen (Mind Mapping ist in diesem Zusammenhang sehr nützlich, siehe Kapitel Mind Mapping).
Eine Stunde Präsentation der Gruppenarbeit im Plenum (drei bis fünf Minuten pro Gruppe): Die Moderatoren achten darauf, dass die Gruppensprecher ihre Zeit nicht überschreiten.
Pause von 16.30 bis 16.45

▶ **Analyse der Ist-Situation: Was sind unsere (internen) Stärken und Schwächen?**

Zeitverbrauch insgesamt 2¹/4 Stunden – zum Beispiel von 16:45 bis 19:00 Uhr.
Zehn Minuten individuelle Arbeit.
Eine Stunde Gruppenarbeit.
Eine Stunde Präsentation im Plenum (drei bis fünf Minuten pro Gruppe).
Während dieses Arbeitsschrittes sitzen die Teilnehmer in ihrer eigenen Interessen-gruppe. Jeder artikuliert, wo er aus heutiger Sicht die Stärken und Schwächen des Un-ternehmens, der Gemeinde, der Organisation usw. sieht. (Hierzu eignet sich vorzüg-lich die Methode „Die sechs Hüte des Denkens" nach Edward de Bono). Nach einer kurzen Beschreibung der Ist-Situation (vier bis sechs Minuten), fokussieren alle auf die positiven Aspekte (sechs Minuten), danach auf die Schwachstellen (sechs Minu-ten). Schließlich diskutieren alle Teilnehmer, wie die Schwachstellen behoben wer-den können. Der gruppeninterne Moderator notiert und präsentiert das Ergebnis im Plenum. Optimal ist eine IT-unterstützte Präsentation, zum Beispiel „Meeting Acce-lerator", die es erlaubt, die verschiedenen Gruppenergebnisse sofort zu einem Ganzen zusammenzufassen.

Bei dieser Vorgehensweise lernen die Teilnehmer viel über die Sicht des anderen. Sie wechseln die Perspektive und erkennen, dass es immer mehrere Möglichkeiten gibt. Wenn eine Tür geschlossen ist, ist eine andere offen. Sie machen sich gemeinsame Werte bewusst und beginnen, für die Änderung des unerwünschten Zustands die Verantwortung zu übernehmen.

Eine alternative Vorgehensweise für die zweite Phase ist, dass die Moderatoren schon vor Beginn der Konferenz einen maßgeschneiderten Fragenkatalog erarbeiten und ihn den Teilnehmern in den Tagungsunterlagen zur Verfügung stellen (siehe Methoden zur Ana-lyse der Ist-Situation). Diese Variante macht die Ergebnisse besser vergleichbar. Mögli-cherweise fühlen sich jedoch einige Teilnehmer durch die vorstrukturierte Vorgehens-weise in ihrer Kreativität eingeengt.

Es ist normal, dass viele Teilnehmer bei der Diskussion der Schwachstellen ihrem ange-stauten Ärger Luft machen. Die Herausforderung für die Moderatoren besteht darin, dies nicht als persönliche Kritik zu empfinden, sondern verständnisvoll, aber gelassen mit den Emotionen der Teilnehmer umzugehen.

Die Moderatoren geben eine Zusammenfassung der Ereignisse des Tages und einen Überblick darüber, was am nächsten Tag geschieht.

Falls dafür Offenheit besteht, lädt der Moderator zu einer Fantasiereise ein, indem er die Teilnehmer anhält, ganz entspannt den ersten Tag vor dem inneren Auge Revue passieren zu lassen: Wie hat jeder den ersten Tag erlebt? Was ist geschehen? Was hat er gelernt? Worauf will er am morgigen Tag seine Aufmerksamkeit richten?

Ein gemeinsames Abendessen rundet den ersten Tag ab. Es ist optimal, wenn nach dem Abendessen noch Gelegenheit zum informellen Zusammensein besteht.

▶ **Analyse des Umfelds: Welche (externen) Trends und Entwicklungen beeinflussen unsere Zukunft?**

Zeitverbrauch zwei Stunden – zum Beispiel Samstagmorgen von 9 bis 11 Uhr.
Eine Stunde Gruppenarbeit.
Eine Stunde Plenum.
Die Teilnehmer schaffen erst in der Gruppe, dann im Plenum ein Szenario möglicher künftiger Entwicklungen, die für das Unternehmen, die Gemeinde, den Verband Bedeutung haben. Die Gedanken eines Teilnehmers wecken Assoziationen bei einem anderen Teilnehmer. Jeder lernt von jedem.
Die Präsentation im Plenum geschieht wie folgt:
● Die Moderatoren zeichnen eine große Mind Map (Wandzeitung). Alle Teilnehmer versammeln sich vor der Riesen-Mind-Map und schreiben ihre eigenen Stichworte hinein.
● Prioritäten setzen mit der Metaplan-Methode: Jeder Teilnehmer bekommt drei selbstklebende Punkte und klebt sie auf den für ihn wichtigsten Ast der Mind Map. Auf diese Weise erhält die Gruppe sehr schnell ein visuelles Feedback, wo die Prioritäten liegen.
Pause von 11 bis 11:30 Uhr

▶ **Gemeinsame Zukunftsvision: Wo wollen wir hin?**

Insgesamt drei Stunden – zum Beispiel 11:30 bis 16 Uhr (inkl. Mittagessen)
Eine Stunde Plenum: Die Moderatoren geben eine Präsentation über die Bedeutung einer klaren Zukunftsvision, die Wichtigkeit, Fokus zu halten und die übergeordnete Vision in klare Ziele und Teilziele zu gliedern, damit jeder Mitarbeiter weiß, was er in seinem eigenen Arbeitsbereich zur Verwirklichung der Vision beiträgt.
12:30 bis 14:00 Uhr Mittagessen (Zeit für Pausengespräche und Networking)
14 Uhr zurück im Plenum

Falls Offenheit dafür besteht, macht der Moderator eine Fantasiereise zur Zielerreichung. Es gibt inzwischen unzählige Vorgehensweisen. Hier ist ein Vorschlag aus Norwegen:

Fantasiereise Gebirgswanderung

„Entspann dich.

Stelle dir vor, du machst eine Wanderung im Gebirge ... du trägst einen schweren Rucksack und gehst auf einem schmalen Pfad ... Der Weg ist steinig und steil ... Die Sonne brennt ... manchmal hast du Lust aufzugeben, ... aber du gehst weiter ... Schließlich hast du den Gipfel erreicht ... du genießt einen wunderschönen Ausblick ... du siehst alles aus der Vogelperspektive ... du gewinnst Abstand ... siehst das größere Bild.

Du setzt dich nieder und nimmst den schweren Rucksack ab ... du fühlst dich erleichtert ... du siehst, was sich in dem schweren Rucksack befindet, den du so lange auf dem Rücken getragen hast ... du öffnest den Rucksack ... und stellst fest, dass du vieles nicht mehr brauchst ... Viele Dinge haben früher ihren Zweck erfüllt ... es war gut, dass du sie hattest, ... aber jetzt haben sie ihre Funktion eingebüßt ... du brauchst sie nicht mehr ... Lege sie beiseite ... Erleichtere deinen Rucksack ... Nimm Abschied in Ehren."

Eine Minute Stille.

„Während du dich mehr und mehr erleichtert fühlst ... nähert sich eine weiche, weiße Sommerwolke, die dich mit auf eine Reise nimmt ... Mach es dir bequem in der weichen, weißen Wolke ... Du schwebst in warmer Sommersonne über Almen und Berge und Täler ... Unter dir siehst du frisches Quellwasser ... Moos und grünes Gras ... Du hörst das Pfeifen des Windes ... Du liegst warm und weich in der Wolke ... Du bist über allen Dingen.

Allmählich wird die Landschaft unter dir tiefer ... Du siehst Täler und Dörfer und hörst den kluckernden Laut von Bächen, die sich durch die grüne Landschaft schlängeln ... Die Wolke gleitet sanft in Richtung eines Waldes nieder ... Du siehst eine Lichtung im Wald ... Du schwebst näher ... Die Sonne scheint intensiv auf eine unendliche Blumenwiese hinter dem Wald ... und dort landest du weich und sachte ... Die Wolke löst sich auf ... und du liegst in dem weichen Gras und riechst den herrlichen Duft der Blumen ... Du siehst rote Blumen ... und gelbe Blumen ... und blaue Blumen ... Du hörst das muntere Zwitschern der Vögel.

Du bist entspannt ... Du fühlst eine angenehme innere Ruhe ... Du bist glücklich und stark ... Dir wird alles gelingen ...

Denk nun an deine persönlichen Zielsetzungen und die Ziele deines Unternehmens und stelle dir vor, dass du deine persönlichen Ziele erreichst, und dass ihr gemeinsam eure gemeinsamen Ziele erreicht."

Eine bis fünf Minuten Stille.

Übung zurücknehmen.

„Atme tief ein, streck dich, gähne ganz ungeniert und stehe sehr langsam auf."

Nach dieser Fantasiereise gibt der Moderator den Teilnehmern einige Minuten Zeit, um ihre neuen Einsichten aufzuschreiben oder sich mit dem Nachbarn auszutauschen.

> *Zwei Stunden Gruppenarbeit* – zum Beispiel von 14 bis 16 Uhr
> Erarbeitung der Vision:
> Wo wollen wir in 3, 5 oder 10 Jahren sein?
> Wie wollen wir es erreichen?
> Was ist zu tun?
> Auch in dieser Phase sind zwei unterschiedliche Vorgehensweisen möglich:
> 1. Die Diskussion geschieht auf freier Grundlage.
> 2. Die Moderatoren bereiten einen maßgeschneiderten Fragenkatalog vor.

Wenn die Gruppe ein klares Bild von der gewünschten Zukunft hat, besteht die nächste Herausforderung darin, dieses in einer kreativen Darstellungsform zu präsentieren. Alles ist erlaubt: Singen, tanzen, malen, Theater spielen, Pantomime, Rap-Session usw.
Pause von 16 bis 16:30 Uhr

Eine Stunde Präsentation im Plenum – zum Beispiel 16:30 bis 17:30 Uhr
Die Präsentation (maximal sieben Minuten pro Gruppe) bildet in der Regel den Höhepunkt der Konferenz.
Pause von 17:30 bis 18:00 Uhr (Gelegenheit für Pausengespräche und Networking)
18 Uhr Zusammenfassung der Moderatoren im Plenum.
Falls Offenheit dafür besteht, leiten die Moderatoren die Teilnehmer durch eine kurze Fantasiereise.
19 Uhr gemeinsames Abendessen, anschließend informelles Beisammensein.

▶ **Konsens finden: Welche Ziele werden von allen getragen?**

Zeitverbrauch drei Stunden – zum Beispiel von 9 bis 12 Uhr
Die nächste Herausforderung besteht darin, Konsens zu finden: Welche Ziele werden von allen getragen? Erfahrungsgemäß stellt sich eine große Deckungsgleichheit der präsentierten Zukunftsbilder heraus. Es gilt, diese Übereinstimmungen herauszuarbeiten und verbleibende Differenzen zu notieren.
9 Uhr Der Moderator präsentiert die Vorgehensweise für die fünfte Phase.
9:15 Uhr Die Kleingruppen definieren noch einmal ihre Zukunftsvision und diskutieren, welche weichen Werte und Verhaltensformen zur Verwirklichung der Vision wichtig sind (siehe Methoden zur Erarbeitung einer gemeinsamen Werteplattform).
10:15 Uhr Zwei Tische rücken zusammen und fügen ihre individuellen Visionen zu einer gemeinsamen Vision zusammen. So wird die Anzahl der Entwürfe halbiert (zum Beispiel von acht auf vier).
Die „Doppelgruppen" definieren bis zu sechs Projekte, notieren die Themen in großer Schrift auf Flipchart-Blättern und hängen sie an die Wand.
11:15 Uhr Plenum
Alle Projektvorschläge hängen nun nebeneinander an der Wand.
Die Moderatoren leiten den Prozess, Gemeinsamkeiten herauszustellen und Duplikate zusammenzufassen (zum Beispiel durch Unterstreichen mit farbigen Filzstiften, was inhaltlich zusammengehört).
Gemeinsam mit den Teilnehmern präzisieren die Moderatoren die Projektvorschläge und versuchen, Einigkeit zu erzielen. Die Zukunftskonferenz ist eine Konsensmethode. Im weiteren Verlauf beschäftigen sich die Teilnehmer nur mit den Konsens-Themen. Punkte, über die weiterhin Uneinigkeit besteht, werden in anderen Foren behandelt.
12:30 bis 14:00 Uhr Mittagessen

▶ **Handlungsplan: Was ist zu tun?**

Zeitverbrauch insgesamt drei Stunden – zum Beispiel von 14 bis 17 Uhr.
Eine Stunde Planung für das Gesamtprojekt.
Zwei Stunden individuelle Planung der Teilnehmer.
14 bis 15 Uhr Handlungsplan für das Gesamtprojekt:
Zehn Minuten individuelle Arbeit, dann Arbeit in den Interessengruppen:
Was wollen wir tun?
Von wem brauchen wir Unterstützung?

● Welche Ziele und Teilziele / Meilensteine setzen wir uns kurzfristig, mittelfristig und langfristig?
● Welche Termine legen wir fest?
● Wer erstellt eine Adressenliste der Teilnehmer?
● Wie sichern wir die Finanzierung der Projekte?
● Welche Netzwerke haben und nutzen wir?
● Was tun wir als Nacharbeit?
● Was ist die Aufgabe der Moderatoren in der Nacharbeit?
● Welche Aufgabe hat die Steuerungsgruppe nach der Konferenz?

Die Steuerungsgruppe präsentiert die Ergebnisse im Plenum.
15 bis 16:30 Uhr individuelle Planung der Projektgruppen (es formieren sich neue themenbezogene Gruppen).
Diskussionsthemen in den neu formierten Projektgruppen:

● Was ist unser Ziel?
● Wer kann was zur Zielerreichung beitragen?
● Welche Prioritäten setzen wir?
● Was sind die Erfolgskriterien für das Projekt?
● Welche Hindernisse gilt es zu überwinden?
● Wie kommen wir ins Ziel?

Präsentation im Plenum (drei Minuten pro Gruppe).
16:30 Uhr Seminarbewertung und Abschluss der Zukunftskonferenz.

Ein Wechselbad der Gefühle während der Zukunftskonferenz ist normal (Unsicherheit, Frustration und Verwirrung, Enttäuschung, Lachen, Spaß, Energie, Lust auf Leistung, Optimismus). In der Regel endet die Zukunftskonferenz mit viel Enthusiasmus: Die Gesichter strahlen, die Menschen umarmen sich und sind voller Hoffnung, dass sich nun alles zum Besten wendet.

Doch am Montagmorgen sieht die Welt schon wieder anders aus. Der Alltag kehrt zurück mit seinen Terminen und Verpflichtungen. Deshalb ist es eine unabdingbare Forderung für den nachhaltigen Erfolg einer Zukunftskonferenz, dass sich die Teilnehmer schon während der Konferenz zu einer systematischen Nacharbeit verpflichten.

Die Nacharbeit

Zur Sicherung des langfristigen Erfolges empfiehlt sich eine Nacharbeit in Form einer Schulung in Kreativitätstechniken (zum Beispiel „Die sechs Hüte des Denkens" und „Laterales Denken" nach Edward de Bono oder „Mind Mapping" nach Tony Buzan). Sie geben den Projektgruppen, die sich als Ergebnis der Zukunftskonferenz gebildet haben, das nötige Methodenwissen, um schnell und effektiv ans Ziel zu kommen.

Resultate

Resultate der Zukunftskonferenz sind unter anderem:

- Die schnelle Entwicklung einer von allen getragenen Vision, wie das Unternehmen in drei, fünf oder zehn Jahren aussehen soll. Diese Vision bildet die Basis für ein nach der Zukunftskonferenz im Detail auszuarbeitendes Strategie-Dokument.

- Eine kurz- und mittelfristige Planung der Maßnahmen zur Umsetzung der Strategie.

- Eine Verbesserung der Unternehmenskultur:
  Gestärktes Gemeinschaftsgefühl, gegenseitiges Vertrauen, ein besseres Verständnis füreinander – auch für unterschiedliche Interessen und Wirklichkeitsauffassungen. Die Bereitschaft, mit Unsicherheit zu leben und Neuland zu betreten. Motivation, die gemeinsame Vision zügig umzusetzen. Stärkeres Selbstbewusstsein, Probleme zu lösen und Ziele zu erreichen. Bessere Zusammenarbeit im Team und Aufbau von internen und externen Netzwerken.

- Kosten einsparen für externe Change-Management-Berater durch bessere Nutzung der intern vorhandenen Ressourcen (Wissen, Erfahrung, Kontakte). Wichtig ist jedoch eine Prozessbegleitung durch Facilitators, die über ein reiches Methodenwissen verfügen und dafür sorgen, dass die vereinbarten Maßnahmen schnell und reibungsfrei umgesetzt werden (Katalysatorrolle).

Open Space Technology

Die Großgruppen-Methode „Open Space Technology" wurde von Harrison Owen entwickelt (siehe www.mindspring.com und Literaturverzeichnis). Die folgende Beschreibung der Open Space Technology beruht auf einem persönlichen Interview mit Harrison Owen, auf Gesprächen mit Sandy Weiner und auf eigener Erfahrung der Autorin mit der Methode.

Anwendungsbereiche

Open Space eignet sich für große Gruppen, die ernsthaft an der Lösung eines Problems interessiert sind oder bewusst eine Veränderung herbeiführen wollen. Harrison Owen schreibt dazu:

„For Open Space to work, it must focus on a real business issue that is of passionate concern to those who will be involved...

Open Space Technology is effective in situations where a diverse group of people must deal with complex and potentially conflicting material in innovative and productive ways. It is particularly powerful when nobody knows the answer and the ongoing participation of a number of people is required to deal with the questions.

Conversely, Open Space Technology will not work, and therefore should not be used, in any situation where the answer is already known, where somebody at a high level thinks he or she knows the answer, or where that somebody is the sort that must know the answer, and therefore must always be in charge, otherwise known as control, control, control."

Open Space Technology hat sich bei folgenden Herausforderungen bewährt:

■ Die Zukunft gemeinsam gestalten.

■ Komplexe Probleme lösen und konfliktvolle Themen behandeln.

■ Neue Produkte und Dienstleistungen entwickeln.

■ Eine neue Strategie entwickeln.

■ Die Organisationsstruktur ändern.

■ Die Mitarbeiter in den Prozess der Umstrukturierung einbinden.

■ Eine Kurskorrektur in sehr schnell wachsenden Unternehmen vornehmen, in denen die Mitarbeiter kaum Zeit haben, miteinander zu kommunizieren oder organisatorische Probleme zu lösen, und in denen die permanente Überanstrengung in Übermüdung, Stress und Konflikt mündet.

■ Konflikte lösen, in unübersichtlichen/verwirrenden Situationen Klarheit schaffen.

■ Die zwischenmenschliche Kommunikation verbessern.

■ In politischen, kontroversen Fragen von allen getragene Lösungen finden.

Die Vorgehensweise

Klare Definition des Ziels

Wie der Begriff „Open Space" andeutet, hat dieser Prozess eine offene Struktur. Absolute Bedingung ist jedoch eine klar umrissene Aufgabe beziehungsweise die genaue Definition eines Ziels. Was wollen wir erreichen? (Frage formulieren – zum Beispiel: Welche Zukunft wollen wir für ...?)

Sich selbst steuernde Gruppen

Open Space funktioniert nach dem Prinzip von sich selbst steuernden Gruppen. Es gibt keine vorgefertigte Tagesordnung. Jeder ist dazu berechtigt, im Rahmen des übergeordneten Ziels ein spezielles Thema einzubringen und um Mitstreiter zu werben (ca. eine Stunde).

Auf der Grundlage der eingebrachten Themenvorschläge bilden sich Arbeitsgruppen. Für die Arbeit in diesen Gruppen gilt „das Gesetz der zwei Füße":

Gesetz der zwei Füße

Wer immer kommt: Es sind die richtigen Leute.
Es beginnt, wenn es beginnt.
Was immer passiert, passiert und ist das Richtige.
Wenn es vorbei ist, ist es vorbei.

Wenn Teilnehmer an mehreren zeitgleich stattfindenden Arbeitsgruppen teilnehmen wollen, einigen sich die Initiatoren der jeweiligen Arbeitsgruppen darauf, die Workshops zu unterschiedlichen Zeiten durchzuführen. Alternativ haben Arbeitsgruppen mit ähnlichen Themen die Möglichkeit, sich zu einer einzigen Arbeitsgruppe zusammenzuschließen.

Die Räumlichkeiten

Die einzige Vorbereitung besteht in der Bereitstellung der „Infrastruktur" (Räumlichkeiten, Arbeitsmaterial, Übernachtung und Verpflegung der Teilnehmer).

Die Teilnehmer sitzen im Kreis. Die geometrische Form des Kreises stimuliert eine gleichberechtigte Kommunikation zwischen den Teilnehmern.

Im großen Saal gibt es ein „Schwarzes Brett" für Mitteilungen, einen Overhead-Projektor beziehungsweise Beamer, Computer, Drucker, Flipcharts, Filzstifte, Stellwände etc.

In jedem Gruppenraum sind Stelltafeln, Flipcharts, Filzstifte vorhanden.

Die Teilnehmer

Die Zahl der Teilnehmer ist im Prinzip unbegrenzt. Es gibt Open-Space-Konferenzen mit fünf bis zu 1.000 Menschen. Erfahrungsgemäß sind Gruppen bis zu 100 Personen am effektivsten. Die Teams steuern sich selbst.

Vorstellung der Gruppenergebnisse im Plenum

Die Arbeitsgruppen wählen einen Sprecher, der das gemeinsame Ergebnis im Plenum vorstellt (Flipchart an die Wand hängen).

Die Großgruppe setzt gemeinsam Prioritäten für die weitere Arbeit.

Falls zeitlich möglich, erstellen die Teilnehmer noch während der Konferenz einen Abschlussbericht beziehungsweise Handlungsplan.

Abschließende Bewertung

Die Teilnehmer bewerten die Qualität der Teamarbeit auf einer Skala von eins bis zehn, wobei zehn die beste und eins die schlechteste Note ist.

Möglich ist auch eine mündliche Evaluierung, bei der das Wort von einem zum anderen geht und jeder das Seminar mit einem einzigen Wort (Adjektiv) beschreibt: super, toll, unglaublich, richtungweisend usw.

Die Open-Space-Konferenz endet mit einem geselligem Zusammensein, um den Erfolg zu feiern (gemeinsames Essen, tanzen).

Vorteile von Open Space

■ In sehr kurzer Zeit werden gute Ergebnisse erzielt.

■ Die Teilnehmer entwickeln gemeinsam neue Ideen. Open Space setzt kreative Energien frei und motiviert die Teilnehmer.

■ Open Space ermöglicht effektive Teamarbeit in großen Gruppen – auch wenn die Teilnehmer einen ganz unterschiedlichen Hintergrund haben (Bildungsniveau, Nationalität, wirtschaftliche Stellung, politische oder religiöse Überzeugung, sozialer Status usw.)

■ Open Space motiviert die Menschen, ihre eigene Zukunft zu gestalten und stärkt das Selbstvertrauen der Beteiligten.

■ Open Space fördert ganzheitliches Denken, indem Menschen mit unterschiedlichem fachlichem Hintergrund zusammen diskutieren und gemeinsam Lösungen finden (Produktentwicklung, Marketing, Vertrieb, Finanzen, Informationstechnologie, Top-Management usw.).

Ziele definieren (1): Die Hierarchie der Ziele

Die Vision

Die Vision drückt aus, was das Unternehmen langfristig erreichen will. Die Herausforderung besteht darin, aus der Vision des Top-Managements eine gemeinsame Vision zu machen. Dies geht nur durch Einbindung der Mitarbeiter in den Prozess der Visionsentwicklung.

Die Geschäftsidee

Die Geschäftsidee beschreibt Sinn und Zweck der Geschäftstätigkeit – zum Beispiel:

- Was ist unser Kerngeschäft?
- Wer sind unsere wichtigsten Kunden?
- Was ist unser größter Wettbewerbsvorteil?
- Worauf zielt unser Fokus (Produkt, zufriedene Kunden)?

Übergeordnete Ziele

Die übergeordneten Ziele sind eine Beschreibung dessen, was das Top-Management kurz- und langfristig als strategische Erfolgsfaktoren für Wachstum und Entwicklung ansieht.

Zum Beispiel:

- Rentabilität
- Marktanteile
- Effektivität
- Innovation

Konkrete und messbare Ziele

Konkrete und messbare Ziele sind wichtig, damit jeder einzelne Mitarbeiter weiß, was er in seinem eigenen Arbeitsbereich dazu beitragen kann, damit aus der Vision Wirklichkeit wird. Erst ein genaues Datum für die geplante Zielerreichung macht aus allgemeinen Absichtserklärungen verbindliche Ziele.

Ziele beziehen sich auf ganz unterschiedliche Bereiche:

- Besondere Eigenschaften (Wettbewerbsvorteile, Unternehmenskultur)
- Marktanteile (national und global)
- Positionierung (Größe, Image)
- Rentabilität (Verzinsung des eingesetzten Kapitals, Sicherung der Kapitalzufuhr für zukünftige Investitionen)
- Fachliche Qualifikationen (Wissen, technisches Know-how)

- Soziale Kompetenz (Umgangsformen, Kundenorientierung, zwischenmenschliche Kommunikation, Netzwerke)
- Qualität (Fehlerquote, Beschwerdemanagement, Verbesserungsvorschläge)
- Innovation (neue Produkte und Dienstleistungen)

SMART

Ziele sind SMART: **S**   spezifiziert
M   messbar
A   ausführbar
R   realistisch, resultatorientiert
T   terminiert (mit Datum)

Persönliche Zielmatrix

Bereich	Spezifisches Ziel	Maß für die Zielerreichung	Datum der Zielerreichung	Erwünschtes Resultat
Arbeit				
Familie und Freunde				
Hobbys				
Gesellschaftliches Engagement				
Andere				

Persönliche Zielmatrix

Verkaufsziele

Die folgenden Fragen helfen Ihnen, Ihre Verkaufspräsentation optimal vorzubereiten und sich Klarheit über Ihre eigenen Ziele und die Ihres Kunden zu verschaffen:

Die Vorbereitung des Kundengesprächs

- Wie nennt sich das Projekt? (Name, Bezeichnung)

- Was sind unsere Ziele? Was wollen wir erreichen? Warum wollen wir das erreichen?
- Welche Alternativen haben wir?

- Was ist unser Handlungsspielraum?

- Wer ist der Kunde?
- Wer ist der Entscheidungsträger beim Kunden? (Titel, Name und Funktion)
- Welcher Menschentyp ist der Kunde? (begeisterungsfähiger early adapter oder vorsichtiger me-too)
- Nach welchen Kriterien trifft er seine Entscheidungen? (Sicherheit oder Risikobereitschaft, Problemlösung oder Zielorientierung, Vergangenheit oder Zukunftsorientierung)
- Auf wen hört der Entscheidungsträger, bevor er seine Entscheidung trifft? (Berater, Kollegen, Sekretärin, Ehepartner)

- Was sind seine persönlichen Ziele? (Status und Anerkennung, Jobsicherheit, Erweiterung seiner Macht)
- Was sind seine unternehmerischen Ziele? (Marktanteile, Kosten senken, Konsolidierung)

- Welchen Handlungsspielraum hat der Kunde? (Finanzen, Kompetenzen, Gesetze und Vorschriften)

- In welcher Entscheidungsphase befindet sich der Kunde? (heiss, warm, lauwarm, kalt)
- Was kauft der Kunde und warum?
- Warum kauft er bei uns?

- Welchen Mehrwert geben wir dem Kunden?
- Welche Kontakte haben wir bereits im Unternehmen?
- Wie können wir diese Kontakte nutzen?

- Wer oder was könnte ihn am Kaufen hindern?
- Wie können wir diese Hindernisse aus dem Weg räumen?

- Wie messen wir den Verkaufserfolg?

- Wie bereiten wir uns auf das Verkaufsgespräch vor?
- Wie bauen wir eine Vertrauensbasis auf?

- Wer soll beim Kundenbesuch mit von der Partie sein?
- Welche Rollenverteilung haben wir innerhalb unseres Verkaufsteams?
- Welche Fragen werden wir stellen?
- Wer ist auf Seiten des Kunden beim Gespräch dabei?

- Was wissen wir über die Gesprächsteilnehmer?
- Welche Informationsquellen haben wir?
- Wie nutzen wir unsere Netzwerke, um schon im Vorfeld möglichst viele Informationen zu erhalten?
- Welche Fragen wird der Kunde voraussichtlich stellen? Wie bereiten wir uns darauf vor?

- Was sind unsere wichtigsten Wettbewerbsvorteile?
- Wie differenzieren wir uns von den Mitbewerbern?
- Wie erkennen wir die Kaufbereitschaft des Kunden?
- Wer macht den Abschluss?

Die Nacharbeit
- Wie informieren wir uns gegenseitig intern?
- Wer macht welche Form der Nacharbeit?
- Wer schreibt das Angebot?
- Welche Punkte enthält das Angebot? (zum Beispiel: Zusammenfassung, Ausgangssituation, Ziele, Lösungsvorschlag, Prozess, Alternativen, Nutzen, Präsentation der eigenen Kompetenz und Erfahrung, Kosten, Absichtserklärungen, Vertraulichkeitsvereinbarungen usw.)

- Wer fasst wann nach?

Ziele definieren (2): Mentale Bilder der Zielerreichung entwickeln

Sinn und Zweck dieser Übung ist es, mit Hilfe von mentalem Training die Zielerreichung zu visualisieren, um intuitiv die richtigen Entscheidungen zu treffen, die ins Ziel führen.

Diese Übung eignet sich sowohl zum individuellen Training als auch in der Gruppe.

Ziele setzen

Jeder schreibt auf ein Blatt Papier, welches Ziel er sich für seine berufliche oder persönliche Entwicklung setzt: im Verhältnis zu seinen Vorgesetzten, Kollegen, Kunden, Freunden oder der Familie usw.

Entspannung und mentales Training

Die Teilnehmer sitzen aufrecht oder liegen entspannt auf einer Matte auf dem Boden.

Der Seminarleiter geleitet die Teilnehmer in einen entspannten Sinneszustand und sagt etwa Folgendes:

„Bitte atmen Sie dreimal tief durch und entspannen Sie sich. Versuchen Sie, ruhig und regelmäßig in den Bauch zu atmen. Beim Ausatmen ziehen Sie die Bauchmuskeln etwas ein. Beim Einatmen erlauben Sie dem Bauch, sich locker nach außen zu wölben. Sollten störende Gedanken Ihren inneren Frieden stören, kämpfen Sie nicht dagegen an. Lassen Sie die Gedanken kommen und gehen wie Wolken am Horizont. Geben Sie sich ganz dem Gefühl der Entspannung hin."

Mentale Hindernisse überwinden

Der Seminarleiter bittet die Teilnehmer, wieder die Augen zu öffnen und sich ihren Zielkatalog noch einmal in Ruhe durchzulesen.

Dann fragt er:

- „Wer oder was hindert Sie daran, Ihre Ziele zu erreichen?
- Handelt es sich dabei um objektive Begrenzungen in den äußeren Umständen?
- Dann heißt das Motto: Akzeptieren, was man nicht ändern kann.
- Versperren Ihnen andere Menschen den Weg zu Ihrem Ziel?
- Was sagen sie?
- Auf welche Weise manipulieren sie?
- Mit was drohen sie?
- Was ist das Schlimmste, was passieren kann?
- Wie groß ist die Wahrscheinlichkeit, dass es wirklich eintrifft?
- Was wäre, wenn es wirklich eintreffen würde?

- Welche Auswege sehen Sie?
- Welche Alternativen haben Sie?
- Handelt es sich um mentale Barrieren?
- Welche negativen Gedanken haben Sie über sich selbst?
- Welche Argumente gebrauchen Sie, um sich selbst davon abzubringen, was Sie im Grunde Ihres Herzens als wichtig und richtig ansehen?

Schreiben Sie alle negativen Gedanken Ihres inneren Dialoges auf."

Negatives in Positives verwandeln

Sehen Sie sich noch einmal Ihre Liste mit Minuspunkten an. Formulieren Sie jetzt die negativen Aussagen in positive Willenserklärungen um. Vermeiden Sie normative Formulierungen wie „muss", „sollte" oder „darf nicht". Sagen Sie lieber „will" und „wage".

Zum Beispiel:

Negativ: Ich darf keinen Fehler machen.
Positiv: Ich will es, und ich werde es schaffen.
Negativ: Ich darf mich nicht blamieren.
Positiv: Ich wage es, und ich lerne aus meinen Fehlern.
Negativ: Das darf nicht passieren.
Positiv: Es gibt genügend Alternativen.

Entspannung und Visualisierung

Sitzen Sie wieder mit aufrechtem Rücken, oder liegen Sie auf dem Boden.
Schließen Sie die Augen.
Atmen Sie tief und regelmäßig.
Wenn Sie sich ganz entspannt fühlen, stellen Sie sich vor, dass Sie alle Ihre Ziele erreichen.
Visualisieren Sie, das heißt, drehen Sie einen Film mit sich selbst in der Hauptrolle.
Sie wollen, Sie wagen, und Sie können.
Sehen Sie, was geschieht.
Hören Sie, was die anderen sagen.
Aktivieren Sie alle fünf Sinne.
Genießen Sie, wie schön es ist, am Ziel anzukommen.

Übung macht den Meister

Mentales Training erfordert regelmäßiges Üben. Situationen, die Ihnen früher Angst eingejagt haben, verlieren ihren Schrecken. Sie trauen sich mehr und mehr zu und haben Erfolg.

Zeitmanagement: Planen und Prioritäten setzen

Manche Menschen fühlen sich bei der Arbeit wie ein Hamster, der unaufhörlich sein Rad dreht und dennoch nie ins Ziel kommt (siehe Bild im ersten Kapitel SMASHIN SCOPE). Sie sind ständig in Bewegung, ohne etwas zu bewegen. Hier einige Tipps und Tricks, um aus der Tretmühle auszubrechen:

- Zeigen Sie volles Engagement für alles, was Sie tun.

- Konzentrieren Sie sich nur auf eine einzige Sache. Erledigen Sie nicht alles auf einmal, sondern eins nach dem anderen.

- Setzen Sie sich klare Ziele und Prioritäten: Jede Entscheidung für eine Sache ist eine Entscheidung gegen eine andere Sache. Lernen Sie loszulassen.

- Machen Sie Ihre persönliche Tages-, Wochen-, Monats- und Jahresplanung. Setzen Sie sich Meilensteine mit Datum für das Erreichen von großen Zielen. Wie isst man einen großen Elefanten? Man nehme täglich einen „Elefantenhamburger"!

- Reservieren Sie sich Zeit für die Befriedigung persönlicher Bedürfnisse. Ein ausgeglichener Mensch leistet mehr bei der Arbeit.

- Machen Sie sich mit den Arbeitsabläufen vertraut. Seien Sie immer auf der Suche nach Vereinfachungen und Verbesserungen.

- Bringen Sie Klarheit in die Verteilung von Aufgaben sowohl im eigenen Arbeitsbereich als auch bereichsübergreifend und im Verhältnis zu anderen Einheiten. Identifizieren und entfernen Sie Grauzonen und Doppeltarbeit.

- Klären Sie die gegenseitigen Erwartungen schon zu Beginn einer neuen Stelle oder Projektarbeit.

- Klären Sie, welche Anforderungen an Ihre Rolle oder Position gestellt werden (klares Rollenverständnis).

- Schaffen Sie sich eine Übersicht, wie viel Ihrer verfügbaren Zeit von außen bestimmt wird und wie viel Zeit (und wann) für Sie frei disponibel ist. Welche Zeit ist fremdbestimmt? Welche Zeit planen Sie in eigener Regie?

- Machen Sie sich eine Liste über alle zu erledigenden Aktivitäten. Notieren Sie alles im Notizblock oder im elektronischen Kalender. Das entlastet das Gehirn.

- Vermeiden Sie es, Ihre gesamte Zeit zu verplanen. Behalten Sie sich Freiräume für Unvorhergesehenes. Planen Sie Pufferzonen ein (zum Beispiel für den Fall, dass ein Gesprächspartner zu spät kommt). Halten Sie sich 40 Prozent Ihrer verfügbaren Zeit frei von Planung.

- Gönnen Sie sich alle 45 bis 60 Minuten eine Pause.

- Bereiten Sie sich am Abend auf den nächsten Tag vor.

- Setzen Sie Grenzen. Lernen Sie, ohne Schuldgefühle „nein" zu sagen. Schaffen Sie sich störungsfreie Zonen und Zeiten.

- Ein aufgeräumter Schreibtisch schafft auch optisch einen ruhenden Pol.

- Genießen Sie Ihre Freizeit.

4 Wie gehen wir miteinander um? Methoden zur Schaffung einer kreativen Unternehmenskultur

Eine gemeinsame Werte-Plattform schaffen

Ebenso wie ein Unternehmen sich Ziele setzt bezüglich Rendite, Marktanteile, usw. sind auch Ziele für die erwünschte Unternehmenskultur wichtig. Denn die Qualität der Unternehmenskultur entscheidet darüber, ob und wie schnell ein Unternehmen seine ökonomischen Ziele erreicht. Wie gehen wir miteinander um? Welche Spielregeln gelten für unser Handeln? Werden die im Unternehmensleitbild verkündeten Werte tatsächlich gelebt, oder stehen sie nur auf dem Papier?

Die nachfolgend beschriebene Methode dient dazu, eine gemeinsame Werteplattform zu errichten. Die Übung dauert etwa eine Stunde. Sie eignet sich für eine Besprechung im Führungsteam, für einen Workshop zur Verbesserung der Unternehmenskultur oder zur Erstellung eines Leitbildes beziehungsweise einer Vision. Es empfiehlt sich, einen erfahrenen, externen Facilitator zur Leitung des Prozesses einzuladen.

Anfangs sind die Teilnehmer oft skeptisch und können sich schwer vorstellen, dass sie eine Stunde lang über Werte diskutieren sollen. Diese Skepsis verschwindet jedoch, sobald sie verstehen, dass es hierbei um ihren eigenen Arbeitsalltag und um ihr persönliches Wohlbefinden am Arbeitsplatz geht. Die Auseinandersetzung mit den Umgangsformen im Unternehmen wird in der Regel ein Höhepunkt des Workshops. Kollegen, die jahrelang zusammengearbeitet haben, kommen sich zum erstenmal menschlich näher. Das Vertrauen und der gegenseitige Respekt werden gestärkt. Die Unternehmenskultur verbessert sich.

Werte nach Wichtigkeit

Der Facilitator bittet die Teilnehmer, die 34 Punkte auf der Liste mit weichen Werten durchzulesen, beliebig zu ergänzen und nach Wichtigkeit zu rangieren. Entscheidungskriterium ist dabei, welche Werte unabdingbar sind, damit das Unternehmen seine Ziele erreicht. Dabei ist 1 der höchste positive Wert und 10 der niedrigste. Die Teilnehmer übertragen dann die von ihnen bestimmte Rangfolge auf die nächste Tabelle und diskutieren im Team, inwiefern der betreffende Wert:

- in Ihrem Unternehmen bereits gelebt wird (Kategorie „bewahren"),

- ein wenig, aber nicht im ausreichenden Maße vorhanden ist. Sie wollen ihn „verstärken",

- überhaupt nicht vorhanden ist. Sie wollen ihn „einführen".

Nr.	Weiche Werte	Nr.	Weiche Werte
1	gegenseitiges Vertrauen	18	Berechenbarkeit
2	Loyalität	19	Selbstvertrauen
3	Schönheit	20	Konsequenz
4	Mut	21	Autonomie
5	Risikowille	22	Freiheit
6	Veränderungsbereitschaft	23	Moral
7	Fairness	24	Stabilität
8	Toleranz	25	Freundschaft
9	Glück	26	Kooperation
10	Zufriedenheit	27	Hilfsbereitschaft
11	Gerechtigkeit	28	Ausdauer
12	Integrität	29	Motivation
13	Transparenz	30	Identifikation
14	Authentizität	31	Zielorientierung
15	gegenseitiger Respekt	32	andere
16	Disziplin	33	andere
17	Pünktlichkeit	34	andere

Liste mit weichen Faktoren

Nr.	Weiche Werte	bewahren	verstärken	einführen
1				
2				
3				
4				
5				
6				
7				
8				
9				
10				

Rangordnung von 1 bis 10 der wichtigsten weichen Werte

Negative Verhaltensweisen identifizieren und abstellen

Der Facilitator bittet die Teilnehmer, sich ganz allgemein – und unabhängig von der Situation in ihrem eigenen Unternehmen – zu überlegen, welche negativen Verhaltensweisen die Zielerreichung eines x-beliebigen Unternehmens verlangsamen oder ganz verhindern. Der Facilitator notiert das Gesagte auf ein Flipchart. Die Teilnehmer ordnen die aufgelisteten Punkte nach Relevanz für ihr eigenes Unternehmen (von 1 bis 10) und diskutieren, welche negativen Verhaltensweisen:

- nur hin und wieder zu Tage kommen. Sie wollen das negative Verhalten etwas „korrigieren".

- ziemlich häufig vorkommen. Sie wollen das unakzeptable Verhalten ganz „abstellen".

- ganz und gar unerträglich sind. Sie wollen so unerhörte Verhaltensweisen völlig „ausmerzen".

Nr.	Negative Verhaltensweisen	Nr.	Negative Verhaltensweisen
1	Mobbing	18	Fahrlässigkeit
2	Intrigen	19	nur negative Kritik geben
3	Vetternwirtschaft	20	Neid
4	innere Kündigung	21	Lügen
5	Desinteresse	22	Korruption
6	mangelnde Lernbereitschaft	23	Unzuverlässigkeit
7	niedrige Produktivität	24	Unpünktlichkeit
8	Lösung von außen erwarten	25	Unredlichkeit
9	Opferrolle spielen	26	psychopathisches Verhalten
10	mangelndes Engagement	27	Grausamkeit
11	Gleichgültigkeit	28	„Herrsche-und-teile"- Politik
12	Entscheidungsweigerung	29	keine Motivation
13	Angst, Verantwortung zu übernehmen	30	Information zurückhalten
14	Klatsch und Tratsch	31	Ziele nicht kommunizieren
15	schlechte Zusammenarbeit	32	andere
16	fehlender Teamgeist	33	andere
17	Schlampigkeit	34	andere

Negative Verhaltensweisen

Die Teilnehmer wählen nun die zehn negativen Verhaltensweisen aus, die am häufigsten in Ihrem Unternehmen vorkommen und der Zielerreichung am meisten im Wege stehen. Danach sortieren sie diese nach den Kriterien „korrigieren", „abstellen" und „ausmerzen".

Nr.	Negative Verhaltensweisen	korrigieren	abstellen	ausmerzen
1				
2				
3				
4				
5				
6				
7				
8				
9				
10				

Rangordnung von 1 bis 10 der negativen Verhaltensweisen

Ziele für die Unternehmenskultur festlegen

Der Facilitator bittet die Teilnehmer, gemeinsam fünf Ziele für die Verbesserung der Unternehmenskultur zu setzen und ein Datum zu bestimmen, bis wann Sie diese Ziele erreicht haben wollen.

	Datum
1. Ziel	
2. Ziel	
3. Ziel	
4. Ziel	
5. Ziel	

Vom Wort zur Handlung: Maßnahmen umsetzen

Der Facilitator bittet die Teilnehmer, konkrete Maßnahmen zu bestimmen, die zur Verbesserung der Unternehmenskultur beitragen.

Vom Wort zum Handeln	Datum	Meilenstein	verantwortlich
1. Maßnahme			
2. Maßnahme			
3. Maßnahme			
4. Maßnahme			
5. Maßnahme			

Der Facilitator kommt zum Termin „Meilenstein" erneut in das Unternehmen und evaluiert gemeinsam mit den Teilnehmern, was bisher erreicht wurde. Bei Bedarf bietet er ein Coaching an. Die Teilnehmer legen gemeinsam die nächsten Schritte fest, um bis zum vereinbarten Datum ans Ziel zu kommen.

Der Facilitator evaluiert die Zielerreichung anhand einer Mitarbeiterbefragung zur Unternehmenskultur. Passen Sie den Fragebogen auf den folgenden Seiten beliebig an die spezielle Situation in Ihrem Unternehmen an, indem Sie die vorgegebenen Fragen mit den speziellen Werten/Verhaltensweisen/Verbesserungspunkten Ihres Unternehmens ergänzen oder ersetzen.

Fragen zur Untersuchung der Unternehmenskultur

Der Fragenkatalog zur Untersuchung der Unternehmenskultur analysiert, wie die Werte, die vom Unternehmen für die Zielerreichung als wichtig angesehen werden, in der Praxis gelebt werden.

▶ **Wie werden die postulierten Werte im Unternehmen als Ganzem gelebt?**

	völlig unbe-friedigend	weniger befriedigend	befriedigend	gut	sehr gut
Wert 1					
Wert 2					
Wert 3					
Wert 4					
Wert 5					
Wert 6					
Wert 7					
Wert 8					
Wert 9					
Wert 10					

▶ **Wie werden diese Werte in Ihrer eigenen Abteilung gelebt?**

	völlig unbe-friedigend	weniger befriedigend	befriedigend	gut	sehr gut
Wert 1					
Wert 2					
Wert 3					
Wert 4					
Wert 5					
Wert 6					
Wert 7					
Wert 8					
Wert 9					
Wert 10					

▶ **Welche negativen Verhaltensweisen beobachten Sie im Unternehmen als Ganzem?**

Negatives Verhalten	sehr häufig	hin und wieder	befriedigend	ein wenig besser geworden	viel besser geworden
1					
2					
3					
4					
5					
6					
7					
8					
9					
10					

▶ **Wie beurteilen Sie die negativen Verhaltensweisen in Ihrer eigenen Abteilung?**

Negatives Verhalten	sehr häufig	hin und wieder	befriedigend	ein wenig besser geworden	viel besser geworden
1					
2					
3					
4					
5					
6					
7					
8					
9					
10					

▶ **Qualität der Zusammenarbeit Vorgesetzter – Mitarbeiter aus der Sicht des Mitarbeiters**

Beurteilung des Vorgesetzten durch den Mitarbeiter	völlig unbe-friedi-gend	weni-ger be-friedi-gend	befrie-digend	gut	sehr gut
Hört Ihr Vorgesetzter Ihnen zu?					
Begründet Ihr Vorgesetzter seine Entschei-dungen?					
Sind Sie an der Entscheidungsfindung be-teiligt?					
Haben Männer und Frauen die gleichen Chancen?					
Wie beurteilen Sie das Informationsverhal-ten Ihres Vorgesetzten?					
Wie beurteilen Sie die Zusammenarbeit Chef – Mitarbeiter in Ihrer Abteilung?					
In welchem Grad bekommen Sie von Ihrem Vorgesetzten positives Feedback?					
In welchem Grad bekommen Sie von Ihrem Vorgesetzen negatives Feedback?					
Wie gehen Sie in Ihrer Abteilung mit Konflik-ten um?					

▶ **Qualität der Zusammenarbeit Vorgesetzter – Mitarbeiter aus der Sicht des Vorgesetzten**

Beurteilung des Mitarbeiters durch den Vorgesetzten	völlig unbe-friedi-gend	weni-ger be-friedi-gend	befrie-digend	gut	sehr gut
Hört Ihr Mitarbeiter Ihnen zu?					
Setzt ihr Mitarbeiter Ihre Entscheidungen um?					
Ist Ihr Mitarbeiter gewillt, Verantwortung zu übernehmen?					
Engagieren sich Ihre männlichen und weiblichen Mitarbeiter gleichermaßen?					
Wie beurteilen Sie das Informationsverhalten Ihrer Mitarbeiter?					
Wie beurteilen Sie die Zusammenarbeit Chef – Mitarbeiter in Ihrer Abteilung?					
In welchem Grad bekommen Sie von Ihren Mitarbeitern positives Feedback?					
In welchem Grad bekommen Sie von Ihren Mitarbeitern negatives Feedback?					
Wie gehen Sie in Ihrer Abteilung mit Konflikten um?					

▶ **Veränderungsbereitschaft, Kreativität und Innovationsfähigkeit im Unternehmen**

Change Management, Kreativität und Innovationsfähigkeit	völlig unbe- friedi- gend	weni- ger be- friedi- gend	befrie- digend	gut	sehr gut
Wie beurteilen Sie in Ihrem Unternehmen die Offenheit für neue Ideen?					
Wie schätzen Sie die Veränderungsbereit- schaft der Mitarbeiter ein?					
In welchem Grad werden die Mitarbeiter in die Gestaltung von Veränderunsprozessen einbezogen?					
In welchem Grad fördert das Unternehmen die Freisetzung und Entwicklung der Kreati- vität seiner Mitarbeiter?					
Wie beurteilen Sie die Innovationsfähigkeit Ihres Unternehmens?					
Wie beurteilen Sie die Schnelligkeit der Um- setzung von Innovationen in Ihrem Unter- nehmen?					
Wie beurteilen Sie die Qualität der interdis- ziplinären und bereichsübergreifenden Zu- sammenarbeit in Ihrem Unternehmen?					
andere Fragen					
andere Fragen					

▶ **Beurteilung der Qualität von Besprechungen, Team- und Projektarbeit**

Besprechungen, Team- und Projektarbeit	völlig unbefriedigend	weniger befriedigend	befriedigend	gut	sehr gut
Wie beurteilen Sie die Qualität Ihrer Besprechungen?					
In welchem Grad benutzen Sie kreative Denk- und Arbeitsmethoden für Besprechungen (zum Beispiel Mind Mapping, 6 Hüte des Denkens, Laterales Denken u. a.)?					
Wie ist die Qualität der Zusammenarbeit in bereichsübergreifenden Teams und Projekten?					
Wie ist die Qualität der zwischenmenschlichen Kommunikation in der Team- und Projektarbeit?					
Wie zufriedenstellend ist der Informationsfluss in der Team- und Projektarbeit?					
Wie ist die Bereitschaft der Teammitglieder, ihr Wissen mit anderen zu teilen?					
Wie ist die gegenseitige Unterstützung in der Team- und Projektarbeit?					
Wie klar sind Ziele, Vorgaben und Erwartungen beim Start von neuen Projekten?					
Wie zufrieden sind Sie mit der Anerkennung Ihrer Arbeit, die Sie zusätzlich zu Ihrer normalen Arbeit in Projekten leisten?					

▶ **Beurteilung der Qualität von Wissensmanagement und Weiterbildung**

Wissensmanagement und Weiterbildung	völlig unbe-friedi-gend	weni-ger be-friedi-gend	befrie-digend	gut	sehr gut
Wie funktioniert die Identifizierung, Nutzung und Weitergabe von Wissen in Ihrem Unternehmen?					
Wie beurteilen Sie die Möglichkeiten zur fachlichen Weiterbildung?					
Wie beurteilen Sie die Möglichkeiten zur Weiterentwicklung der sozialen Kompetenz?					
andere unternehmensspezifische Fragen					
andere					
andere					
andere					
andere					
andere					

▶ **Arbeit, Familie und Gesundheit**

Arbeit, Familie und Gesundheit	völlig unbe-friedi-gend	weni-ger be-friedi-gend	befrie-digend	gut	sehr gut
Wie beurteilen Sie Ihre Möglichkeit, eine Balance zwischen Arbeit und Privatleben zu erzielen?					
Wie flexibel sind die Arbeitszeiten im Unternehmen?					
Wie schätzen Sie die Möglichkeit ein, wenn die Familie es erfordert, auch zu Hause arbeiten zu können?					
Wie intensiv bemüht sich das Unternehmen, seinen Mitarbeitern/jungen Eltern die Kombination von Beruf und Familie zu erleichtern?					
Wie ist die Gesundheitsvorsorge im Unternehmen?					
In welchem Grad hilft das Unternehmen seinen Mitarbeitern, Stress zu meistern?					
andere Fragen					
andere Fragen					
andere Fragen					

▶ **Offene Fragen zur Unternehmenskultur**

- Was motiviert Sie?
- Was demotiviert Sie?
- Was kann Ihr Vorgesetzter tun, damit Ihnen die Arbeit mehr Spaß macht?
- Was können Sie selbst dazu beitragen, dass Ihnen die Arbeit mehr Spaß macht?
- Welche Verbesserungsvorschläge haben Sie zur Unternehmenskultur?

Ein Bild sagt mehr als tausend Worte

Ein Bild sagt mehr als tausend Worte. Bei dieser Methode malen die Teilnehmer – unter Anleitung eines erfahrenen Facilitators und mit leiser Entspannungsmusik im Hintergrund – ihre ideale Unternehmenskultur. Da es oft schwierig ist, gefühlsbetonte Tatbestände in Worte zu fassen, drücken sie sich visuell aus.

Individuelle Arbeit

Jeder Teilnehmer malt mit Aquarellfarben oder bunten Stiften ein Wappen, eine Blume oder ein Haus mit vielen Fenstern. Jeder Bereich im Wappen/jedes Blütenblatt beziehungsweise jedes Fenster enthält eine Idealsituation – zum Beispiel:

- Ein beruflicher Erfolg, auf den Sie stolz sind.
- Ihre positiven menschlichen Eigenschaften.
- Wichtige weiche Werte, auf denen die Unternehmenskultur aufbaut.
- Die soziale Kompetenz, die zur Verwirklichung dieses Wunschbildes erforderlich ist.

Gruppenarbeit

Die Teilnehmer stellen sich ihre Bilder gegenseitig vor und beginnen einen Dialog über die erwünschte Unternehmenskultur:

- Wie sieht die ideale Unternehmenskultur aus?
- Soll-Ist-Vergleich: Wie ist die real existierende Unternehmenskultur im Vergleich zum Wunschbild?
- Was kann jeder Einzelne dazu beitragen, damit aus Wünschen Wirklichkeit wird?

Information im Veränderungsprozess

„Wir sitzen alle in einem Boot!" Wenn der Vorstand diese Losung erst dann ausgibt, wenn der Kahn schon im Sinken begriffen ist, dann verlassen die Mitarbeiter das Boot sehr schnell – mit oder ohne Schwimmweste. Nichts ist schlimmer als ein Chef, der erst in einer Krise entdeckt, dass er seine Mitarbeiter braucht. Diese wollen auch in guten Zeiten das Gefühl haben, mit dem Management in einem Boot zu sitzen.

Jeder Veränderungsprozess bringt für die Beteiligten viel Unsicherheit mit sich. Unsicherheit verursacht Stress. Die Folge sind Frustration und Apathie. Stress kann jedoch auch die Quelle für neue Energie und kreative Schaffenskraft sein. Das setzt allerdings voraus, dass die Mitarbeiter sich mit der neuen strategischen Ausrichtung identifizieren. Dies erfordert, dass sie rechtzeitig erfahren, was passiert, und ihre Kompetenz in die Lösungsfindung mit einbringen. Eine aktive Mitwirkung erzeugt ein Gefühl der Kontrolle.

In der Praxis lässt die soziale Kompetenz von Führungskräften oft zu wünschen übrig. In einem Unternehmen, das tief in den roten Zahlen steckt und seinen Mitarbeitern das Gehalt nicht pünktlich zahlt, fährt der Vorstand in einem Auto der 150.000-Euro-Klasse vor und bewilligt sich in der Krise auch sonst noch allerlei sichtbare Statussymbole. Die Motivation sinkt unter Null, wenn frisch eingesetzte Sanierer – ohne Vorwarnung – einem Drittel der Mitarbeiter per E-Mail die Kündigung aussprechen. Ein derart eklatanter Mangel an Einfühlungsvermögen schockiert nicht nur die Betroffenen. Auch diejenigen, die bleiben sollen, sehen sich nach anderen Jobs um. Die Besten verlassen stets zuerst das sinkende Schiff. Durch persönliche Gespräche verhindert der Top-Manager, dass tüchtige Mitarbeiter dem Unternehmen den Rücken kehren.

Der Erfolg von Veränderungsprozessen lebt und stirbt mit der internen Kommunikation. Eine wichtige Führungsmaxime ist, offen und ehrlich zu informieren, um falschen Gerüchten den Garaus zu machen.

Die Mitarbeiter kennen die bisherige Welt. Sie spüren die Veränderung und fragen sich: Was kommt auf mich zu? Es ist Aufgabe der internen Kommunikation, darauf zu antworten.

Die Mitarbeiter sind Multiplikatoren des Unternehmens. Wenn sie positiv eingestimmt sind, wirkt sich dies auf das Image des Unternehmens aus – wie umgekehrt natürlich auch.

Ideen und Maßnahmen zur Verbesserung der internen Unternehmenskommunikation

Um das gesamte Unternehmen schnell über eine neue strategische Ausrichtung zu informieren, haben sich die folgenden Maßnahmen in der Praxis bewährt:

Medienarbeit nach innen und nach außen

Interne Information über externe Pressearbeit

Die Information, die das Unternehmen an die Medien gibt, muss auch den Mitarbeitern zugänglich sein. Dabei genügt es nicht, eine Pressemitteilung an den internen Verteiler zu verschicken: „Liebe Mitarbeiter, das lest Ihr morgen in der Zeitung." Mitarbeiter wollen wissen: warum? Aufgabe der internen Unternehmenskommunikation ist es, den eigenen Leuten den Gesamtzusammenhang zu erklären.

Interne Medien

Interne Informationskanäle sind Mitarbeiterzeitungen, Zeitschriften, Newsletter und Broschüren. Viele Unternehmen transferieren ihre neue Vision oder ihr Leitbild als Poster an der Wand. Auch Bildschirmschoner oder Mousepads dienen dazu, Aufmerksamkeit zu wecken und wach zu halten.

Persönlicher Kontakt

Diskussionsforum

Manche Unternehmen veranstalten monatliche Diskussionsforen zu Herausforderungen der Zukunft. Dabei ist es wichtig, dass der Top-Manager persönlich anwesend und für seine Mitarbeiter zu sprechen ist.

Bewährt haben sich auch Freitagstreffen in der Kantine, bei denen der Top-Manager Fragen der Mitarbeiter zu aktuellen Ereignissen, die das Unternehmen unmittelbar betreffen, Rede und Antwort steht.

Erfolgsgeschichten erzählen

Ein englisches Sprichwort sagt: „Nothing succeeds like success". Erfolg spornt an, gibt neue Energie und stärkt die Ausdauer. Deshalb berufen einige Unternehmen spezielle Besprechungen ein, auf denen die Teilnehmer sich gegenseitig über ihre Erfolge informieren. Alternativ beginnt jede normale Besprechung mit einer Auflistung der erzielten Resultate. Ein positiver Fokus steigert die Leistungsbereitschaft und wird so zur sich selbst verwirklichenden Prophezeiung.

Happy Hour

Auch das kommt gut an: An jedem ersten Montag im Monat trifft man sich zur Happy Hour mit Getränken und Snacks in der Kantine oder an einem angenehmen externen Ort. Wichtig ist, dass sich die Führungskräfte auch hier unter die Belegschaft mischen.

Roadshow

Die traditionelle Roadshow dient dazu, Analysten von der Story des Unternehmens zu überzeugen. Ebenso wichtig ist es, die Mitarbeiter über die neue strategische Ausrichtung zu informieren und um ihre Unterstützung zu werben. Deshalb ist es sinnvoll, dass der Top-Manager und sein Team eine Rundreise zu den verschiedenen Standorten des Unternehmens unternimmt, um seine Ideen vorzustellen, zuzuhören und so vielen Mitarbeitern wie möglich persönlich die Hand zu schütteln.

Netzwerke

Das Managementteam initiiert Gesprächskreise an allen Standorten. Ziel ist es, abteilungs- und bereichsübergreifende Netzwerke zu bilden.

Hierarchieübergreifende Round-Table-Gespräche mit dem Top-Management

Das Top-Management lädt Mitarbeiter zu Round-Table-Gesprächen über die Zukunft des Unternehmens ein.

Direkter Kontakt Mitarbeiter – Top-Management

Ein Mitarbeiter, der eine wichtige Sache erarbeitet hat, stellt diese gemeinsam mit seinem Vorgesetzten dem Top-Management in einem persönlichen Gespräch vor.

Elektronische Kommunikation

Intranet

Das Intranet ist – unabhängig von Status und Stellung – allen Mitarbeitern zugänglich. Jeder hat die Chance, sich über wichtige Entscheidungen zu informieren, kritische Fragen zu stellen und kreative Ideen einzubringen.

E-Mail

Jeder Mitarbeiter hat die Möglichkeit, dem Top-Manager per E-Mail seine Gedanken, Probleme und Verbesserungsvorschläge zu unterbreiten. Unternehmen und Behörden, die eine solche Regelung eingeführt haben, befürchteten anfangs eine Informationsflut von täglich mehreren hundert E-Mails. Tatsächlich wenden sich jedoch monatlich nur sechs bis acht Mitarbeiter elektronisch an ihren obersten Chef.

Strategie-Besprechungen und Weiterbildung

Moderierte Besprechungen

Die Entwicklung und Anpassung von neuen Strategien funktioniert schneller und reibungsfreier, wenn ein neutraler – möglichst externer – Besprechungsleiter (Facilitator) mit hoher Methodenkompetenz den Prozess steuert.

Moderierte Workshops tragen dazu bei, die Kernbereiche der strategischen Neuausrichtung in den Köpfen und Herzen zu verankern.

E-Learning kombiniert mit Präsenzveranstaltung

Leitbild verbreiten

Besonders in global agierenden Unternehmen ist es wichtig, dass ein neues Leitbild schnell im gesamten Unternehmen verbreitet wird. Jeder Mitarbeiter muss genau wissen, was er in seinem eigenen Arbeitsbereich dazu beitragen kann, damit aus der Vision bald Wirklichkeit wird. Die Kombination von moderierten Workshops und einer Nacharbeit in Form von E-Learning schafft schnell sichtbare Resultate.

Neues Fachwissen

Wenn es lediglich darum geht, sich neue Fakten anzueignen, ist E-Learning ein probates Mittel.

Schriftliche Kommunikation

Briefe an die Mitarbeiter

Der gute alte Rundbrief an alle Mitarbeiter erfüllt – in Maßen genossen – noch immer seinen Zweck als Informationsträger.

Fluch und Segen von E-Mails

Höflichkeit im Netz

Tipps für einen Verhaltenskodex bei Kommunikation per E-Mail:

Konkreter Betreff

Die Betreff-Zeile bringt das Anliegen klar und deutlich auf den Punkt. So differenziert der Schreiber sich von der Flut von unerbetenen und unseriösen E-Mails und vermeidet es, vom Empfänger ungelesen weggeklickt zu werden.

Erst denken, dann schreiben

Eine E-Mail ist unformeller als ein Brief und verführt leicht zur Schludrigkeit. Dennoch gilt, erst überlegen und dann schreiben. In der Kürze liegt die Würze. Erfolg hat, wer techno-chinesisch oder für Laien unverständlichen Fachjargon vermeidet. Machen Sie es dem Empfänger so leicht wie möglich.

Von Mensch zu Mensch

Eine E-Mail ist Kommunikation von Mensch zu Mensch. Der Empfänger freut sich, wenn er mit seinem – richtig geschriebenen – Namen angesprochen wird.

Erst Korrektur lesen, dann senden

Dem Empfänger Respekt erweisen heißt, den Text erst noch einmal auf Tippfehler durchforsten, und dann erst senden.

Die Augen ermüden am Computer. Rechtschreibfehler sind leicht zu übersehen. Dennoch ist es peinlich, wenn ein gestandener Top-Manager sich irrt. Der Empfänger fragt sich: „War es Schludrigkeit, oder hat er Lücken in der deutschen Rechtschreibung? Wenn er noch nicht einmal ordentlich Deutsch schreiben kann, wie soll ich seiner Kompetenz vertrauen?"

Also: Lieber zweimal lesen, bevor Sie auf „senden" klicken. Der beste Standort für den Duden ist neben dem Computer.

CC meiden

Die Funktion CC (carbon copy) schickt die E-Mail in Sekundenschnelle an eine unbegrenzte Anzahl von Personen. Unerwünschte CCs sind auf der Empfängerseite verhasste Zeiträuber. Deshalb sparsam mit CC umgehen.

Nur Neues interessiert

Bekannte Informationen sind so überflüssig wie die Zeitung von gestern: Nur Neues interessiert.

Humor in Maßen

Vorsicht mit Humor, Ironie und Sarkasmus! Nicht jeder hat dafür eine Antenne. Es dauert lange, eine vertrauensvolle Beziehung aufzubauen. Es geht sehr schnell, sie durch ein unbedachtes Wort zu zerstören. Wie heißt es im Poesiealbum: „Ist das Wort der Lippe entronnen, du erreichst es nimmermehr, zögen auch rasch hundert Pferde reubesessen hinterher".

Viele Menschen kennzeichnen eine „humoristische Aussage" mit einem Smiley-Symbol, um zu markieren, dass es lustig gemeint war. Wenn der Humor einer zusätzlichen Erklärung bedarf, war er dann wirklich witzig?

Auch lustige Karikaturen nur in Maßen versenden. Die Ladezeiten von Grafiken sind lang.

Wichtiges per Fax oder Brief

Auch wenn es per E-Mail schneller und bequemer geht, rät die Vorsicht dazu, Wichtiges (Vereinbarungen, Vertragsbedingungen) per Fax oder Brief zu senden. Zur Zeit der Drucklegung dieses Handbuchs sind E-Mails noch nicht rechtsverbindlich. Die alten hanseatischen Kaufleute schicken nach jeder telefonischen Vereinbarung ein Fax als Bestätigung hinterher. Auf diese Weise haben Sie eine rechtsverbindliche Unterlage in der Hand.

Hallo

In der E-Mail-Kommunikation hat sich die Anrede „Hallo" eingebürgert. Passen Sie besser die Anrede je nach Empfänger an: „Sehr geehrter", „Lieber", „Guten Tag" – oder eben doch „Hallo".

„Du" oder „Sie"?

Auch wenn das „du" auf dem Vormarsch ist: Die allgemeine Höflichkeit spricht für eine Differenzierung, wen man duzt und wen man siezt. Wenn eine 20-jährige Assistentin eine 56-jährige Expertin beim ersten Kontakt gleich mit „du" anspricht, kommt das nicht immer gut an.

Der Ton macht die Musik

Auch wenn der Ton in E-Mails lockerer ist als in formellen Briefen: Schreiben Sie nie, was Sie dem Adressaten nicht auch vor anderen Leuten sagen würden. Speziell bei Konflikten empfiehlt es sich, die E-Mail erst am nächsten Tag abzuschicken. Am nächsten Morgen sieht alles oft schon wieder ganz anders aus.

Signatur

Die E-Mail schließt mit einer elektronischen Signatur. Vier Zeilen genügen.

Anlagen

Anlagen erleichtern die Team- und Projektarbeit. Der Empfänger hat es leichter, wenn sich eine große Anzahl von Anlagen auf mehrere Mails verteilt.

Zwischenmenschliche Kommunikation und Konfliktlösung

Wenn Ziele und Prioritäten klar sind, verschwinden viele Konflikte von alleine. Jeder weiß, was er in seinem eigenen Arbeitsbereich zur Erreichung der übergeordneten Ziele beitragen kann. Entscheidungen werden nicht nur getroffen, sondern auch zügig umgesetzt.

Damit alle schnell in dieselbe Richtung laufen, brauchen sie Information über Ziele und Strategien des Unternehmens. Mitarbeiterbefragungen in diversen Unternehmen haben ergeben, dass oft weniger als ein Drittel der Mitarbeiter die Strategie des Unternehmens so gut kennen, dass sie diese neuen Kolleginnen und Kollegen erklären könnten. Die besten Ideen nützen nichts, wenn sie nicht bekannt sind. Auf die Aussage: „Mein Top-Management stellt sicher, dass der Informationsfluss im jeweiligen Verantwortungsbereich gut funktioniert" antworten ebenfalls weniger als ein Drittel der Mitarbeiter mit „ja". Das heißt, zwei Drittel der Belegschaft fühlen, dass sie zu wenig Informationen erhalten.

Nun ist der unersättliche Hunger nach immer noch mehr Information nicht nur ein Wunsch nach mehr Fakten und Tatsachen. Der Ruf nach Information ist auch ein Ruf nach mehr Offenheit, Glaubwürdigkeit, Vertrauen und vor allem persönlichem Kontakt:

„Offen sagen, wo es langgehen soll. Nicht versuchen, es zu vertuschen."
„Ehrlich sagen, was die Veränderungen für jeden persönlich bedeuten."
„Ein bisschen mehr mit jedem Mitarbeiter sprechen."

Die Mitarbeiter sagen **Information,** das heißt Deckung des Bedarfs an Fakten, und meinen **Aufmerksamkeit,** das heißt die Befriedigung eines emotionalen Bedürfnisses. Dieser kleine Unterschied hat große Folgen. Das beste Intranet und tägliche Rundschreiben per E-Mail ersetzen nicht den persönlichen Kontakt zwischen Führungskraft und Mitarbeiter. Das Gespräch von Angesicht zu Angesicht ist die beste Form der Information.

Der direkte Dialog reduziert auch die Gefahr von Missverständnissen. Sonst geht es Ihnen als Führungskraft wie dem Oberst, der die Sonne verfinsterte. Der Berliner Kabarettist Wolfgang Neuss (verstorben 1989) schrieb 1963 diese amüsante Geschichte:

Wie der Oberst die Sonne verfinstert

Der Oberst sagt zum Adjutanten:
Morgen früh um neun ist eine Sonnenfinsternis. Etwas, was nicht alle Tage passiert. Die Männer sollen im Drillich auf dem Kasernenhof stehen und sich das seltene Schauspiel ansehen. Ich werde es ihnen erklären. Wenn es regnet, werden wir nichts sehen. Dann sollen sie in die Sporthalle gehen.

Der Adjutant zum Hauptmann:
Befehl vom Oberst: Morgen früh um neun ist eine Sonnenfinsternis. Wenn es regnet, kann man sie vom Kasernenhof nicht sehen, dann findet sie im Drillich in der Sporthalle statt. Etwas, was nicht alle Tage passiert. Der Oberst wird erklären, warum das Schauspiel selten ist.

Der Hauptmann zum Leutnant:

Schauspiel vom Oberst: Morgen früh neun Uhr Einweihung der Sonnenfinsternis in der Sporthalle. Der Oberst wird erklären, warum es regnet. Sehr, sehr selten so was!

Der Leutnant zum Feldwebel:

Seltener Schauspielbefehl: Morgen um neun Uhr wird der Oberst im Drillich die Sonne verfinstern, wie es alle Tage passiert in der Sporthalle, wenn ein schöner Tag ist. Wenn's regnet: Kasernenhof!

Der Feldwebel zum Unteroffizier:

Morgen um neune Verfinsterung des Obersten im Drillich wegen der Sonne. Wenn es in der Sporthalle regnet, was nicht alle Tage passiert, antreten im Kasernenhof. Äh ... sollten Schauspieler dabei sein, solln sich selten machen.

Gespräch unter den Soldaten:

Haste schon gehört, wenn's morgen regnet? Tja, ich weiß – der Oberst will unsern Drillich verfinstern. Das dollste Ding: Wenn die Sonne keinen Hof hat, will er ihr einen machen. Schauspieler sollen Selter bekommen, typisch. Dann will er erklären, warum er aus rein sportlichen Gründen die Kaserne nicht mehr sehen kann. Schade, dass das nicht alle Tage passiert. (Wen wundert es da noch, dass auf den Truppenübungsplätzen die Manöverbeobachter nie voll getroffen werden!)

Kommunikation (1): Ideen verkaufen

Die beste Idee ist nichts wert, wenn Worten keine Taten folgen. Um Ideen und Strategien umzusetzen, müssen sie überzeugend „verkauft" werden. Die folgende Methode ist inspiriert von Dale Carnegie (siehe www.dale-carnegie.com und Literaturverzeichnis) und hat zum Ziel:

- Mitstreiter für die Umsetzung von Ideen und Strategien zu gewinnen.
- Zuhörer eines Vortrags zu einer Handlung zu bewegen.
- Andere Menschen zu überzeugen.

Die Methode „Ideen verkaufen" besteht aus drei Schritten:

1. Interesse wecken und Vertrauen gewinnen.
2. Zum Handeln auffordern.
3. Vorteile und Nutzen für den Empfänger darstellen.

▶ **Interesse wecken und Vertrauen gewinnen**

Gesamtüberblick

Geben Sie eine Gesamtübersicht aus der Helikopterperspektive. Sagen Sie gleich zu Beginn, was Sie sagen werden.

Positive Stimmung schaffen

Machen Sie Ihrem Publikum großzügig Komplimente.

Sprechen Sie mit Begeisterung in der Stimme.

Seien Sie humorvoll – wenn es der Situation angemessen ist.

Auf die gleiche Wellenlänge kommen

Versuchen Sie, Übereinstimmung zu erzielen – indem Sie eine gute Neuigkeit präsentieren, die sowohl für Sie, als auch für die Zuhörer positiv ist.

Stellen Sie eine rhetorische oder eine Suggestivfrage, auf die es nur eine Antwort gibt: „ja!"

Sprechen Sie die Gefühle der Zuhörer an.

Berichten Sie über ein persönliches Erlebnis.

Geben Sie eine Anekdote zum Besten.

Finden Sie ein passendes Zitat.

Wecken Sie die Betroffenheit der Zuhörer.

Spannung schaffen

Fesseln Sie die Aufmerksamkeit mit Bildern und Metaphern, in denen sich die Zuhörer wiedererkennen.

Appellieren Sie an die Neugier Ihres Publikums.

Berichten Sie über eine interessante oder überraschende Tatsache.

Warten Sie mit einer Überraschung auf.

Stellen Sie einen Vorteil in Aussicht.

▶ **Fordern Sie zum Handeln auf**

Sagen Sie klar und deutlich, was Ihre Absicht ist (was die Zuhörer tun sollen).

Begründen Sie, warum Sie es wollen, und untermauern Sie Ihre Argumente mit:

- Statistik
- Aussagen von Fachleuten
- Forschungsergebnissen
- Analogien
- Vergleichen, die Unbekanntes mit Bekanntem verbinden
- Zeigen von Bildern und Gegenständen

Fassen Sie die wichtigsten Punkte zusammen.

Sagen Sie Ihrem Publikum im Klartext, was es tun soll.

▶ **Geben Sie dem Geber**

Warum sollten Ihre Zuhörer das tun, was Sie von Ihnen fordern? Warum sollten sie „ja" sagen? Was haben sie davon? Geben Sie dem Geber. Machen Sie Ihren Zuhörern deutlich, welchen Nutzen sie haben, wenn sie tun, was sie sagen.

Vermeiden Sie Negatives

Verlust von Geld, Macht, Status, Anerkennung, Sicherheit, Effektivität, Gesundheit, Zuneigung, Liebe, materiellen und immateriellen Ressourcen.

Stellen Sie Positives in Aussicht

Gewinn von Geld, Macht, Status, Anerkennung, Sicherheit, Effektivität, Gesundheit, Zuneigung, Liebe, materiellen und immateriellen Ressourcen.

Kommunikation (2): Aktives Zuhören

Die Kommunikationstechnik „Aktives Zuhören" wurde von Thomas Gordon(siehe www.thomasgordon.com und Literaturverzeichnis) entwickelt. Die folgende Darstellung ist eine Interpretation der Autorin.

Richtig verstehen – Vermeiden Sie Missverständnisse

Aktives Zuhören zielt darauf ab, die Kommunikation zu verbessern und Missverständnisse zu vermeiden. Bevor Sie selbst Ihre Meinung sagen, vergewissern Sie sich, dass Sie den Standpunkt Ihres Gesprächspartners richtig verstanden haben. Dies tun Sie, indem Sie mit eigenen Worten wiederholen, was der andere gerade gesagt hat und nachfragen, ob Ihre Darstellung den Kern der Sache trifft.

Die nachfolgende Übung ist ein guter Test für Ihre Qualitäten als Zuhörer. Spüren Sie am eigenen Leib, wie viel Konzentration aufmerksames Zuhören erfordert.

Anwendungsbereiche

1. Mitarbeitergespräche

2. Kontakt mit Kunden

3. Leitung einer Besprechung

4. Konfliktlösung

5. Delegation von Aufgaben

▶ **Mitarbeitergespräche**

Lassen Sie Ihren Mitarbeiter das Ergebnis Ihres Mitarbeitergesprächs zusammenfassen und das Protokoll anfertigen. Achten Sie darauf, ob er alles richtig wiedergibt. Auch kleine Nuancen haben große Folgen. Falls er etwas Wichtiges weggelassen hat, fragen Sie ihn nach dem Grund. Hinterfragen Sie ebenso unklare Formulierungen. Die Art der Darstellung verrät viel über sein Verständnis der Arbeit und ist Ausgangspunkt für ein neues Gespräch.

▶ **Kontakt mit Kunden**

Kunden wissen oft nicht genau, was sie wollen. Selbst wenn sie es wissen, haben sie häufig Schwierigkeiten, dies klar zu vermitteln. Kommen Sie auf die gleiche Wellenlänge, und wiederholen Sie die Worte Ihres Kunden: „Verstehe ich Sie richtig, dass ...?" Nun hat der Kunde die Möglichkeit, Ihre Auslegung zu bestätigen oder richtig zu stellen: „Nein, so habe ich das nicht gemeint. Was ich sagen wollte, war ...". Indem Sie aktiv zuhören, bekommt Ihr Kunde mehr Klarheit in seine eigenen Gedanken.

▶ Leitung einer Besprechung

Als Leiter einer Besprechung fassen Sie den Stand der Diskussion mit eigenen Worten zusammen. Das ist besonders wichtig bei Meinungsverschiedenheiten. Von zehn Punkten sind die Teilnehmer sich vielleicht über sieben einig. Um die letzten drei wird erbittert gestritten. Die Besprechung ist zu Ende. Alle gehen missmutig nach Hause. Sie denken nur an die strittigen Punkte und vergessen, dass sie ja immerhin bei sieben Punkten Einigkeit erzielt haben.

Nutzen Sie die Technik des aktiven Zuhörens für Ihre Zusammenfassung: „Verstehe ich Sie richtig, dass wir über die Punkte eins bis sieben Einigkeit erzielt haben? Wir haben uns also entschieden, ...". Die Anwesenden nicken. „Demgegenüber steht die Lösung für folgende Punkte der Tagesordnung ... noch aus." Die Abgrenzung der Fragen, über die Einigkeit besteht von denen, die noch einer Klärung bedürfen, hält einen Konflikt im Zaume.

▶ Konfliktlösung

In einer Konfliktsituation gibt ein Wort schnell das andere. Die Disputanten überziehen schnell und bereuen bald. Die Technik des aktiven Zuhörens besänftigt. Indem Sie mit Ihren eigenen Worten wiederholen, was der andere gesagt hat, signalisieren Sie zwischen den Zeilen: „Ich respektiere Sie. Ich habe genau zugehört. Das beweise ich Ihnen, indem ich Ihnen mit meinen eigenen Worten erzähle, was Sie gerade gesagt haben."

Die Aussage des anderen zu wiederholen, bedeutet keineswegs, ihr automatisch zuzustimmen. Es ist lediglich ein Signal, sich nicht weiter aufzuregen. Die Botschaft ist verstanden.

▶ Richtig delegieren

Wenn Sie eine Aufgabe an andere delegieren, bitten Sie den Betreffenden, mit eigenen Worten zu wiederholen, worin die Aufgabe besteht. So vergewissern Sie sich, dass Ihre Botschaft richtig angekommen ist. Sie ersparen sich spätere Enttäuschungen.

Spielregeln für aktives Zuhören

Seminar

Dauer der Übung ca. eine halbe Stunde.

Der Trainer teilt die Teilnehmer in Gruppen à drei Personen – A, B und C – ein.

A und B führen ein Gespräch über ein kontroverses Thema.

C übernimmt die Rolle des Beobachters, hört aufmerksam zu und macht sich Notizen, um später Feedback zu geben.

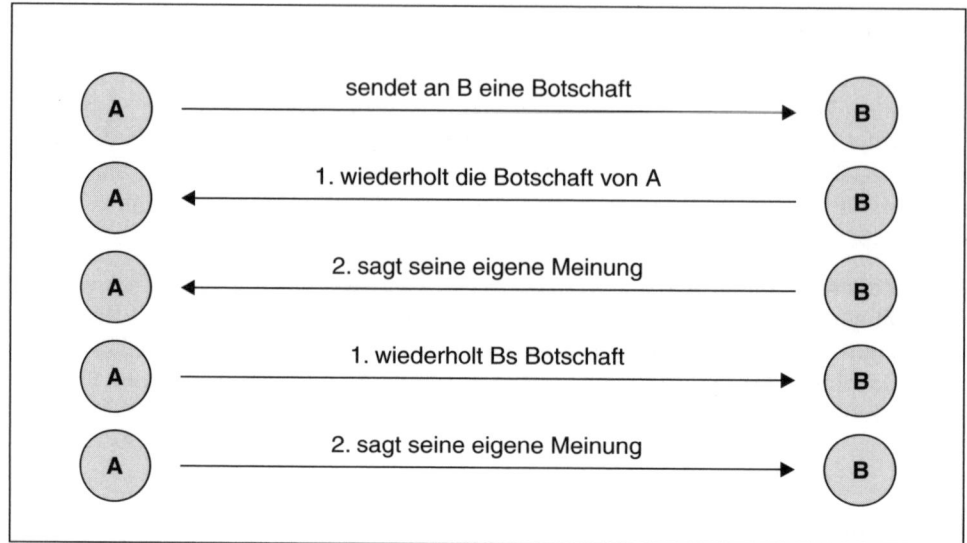

A beginnt damit, seine Meinung zu sagen.

B hört aufmerksam zu und wiederholt in eigenen Worten, was A gesagt hat. Dann erst führt B den Dialog weiter und sagt, was er denkt.

A hört B aufmerksam zu und wiederholt das, was B gesagt hat. Dann führt A das Gespräch weiter.

B hört A aufmerksam zu, wiederholt mit seinen eigenen Worten und fügt seine eigenen Gedanken hinzu.

A wiederholt, was B gesagt hat ... und so weiter ... und so weiter.

Nach zehn Minuten unterbricht der Beobachter das Gespräch und fragt die Gesprächsteilnehmer, wie sie ihr Gespräch selbst empfunden haben.

Dann gibt der Beobachter den Gesprächsteilnehmern ca. fünf Minuten Feedback:

- Wie war die Bereitschaft, aufeinander einzugehen?
- Wurde die Botschaft so verstanden, wie sie gemeint war?
- Wurden einzelne Aussagen – bewusst oder unbewusst – verdreht?
- Haben sich die Gesprächspartner gegenseitig etwas unterstellt, was so gar nicht gesagt wurde?
- Hielten sich die Gesprächspartner an die ursprüngliche Fragestellung, oder wichen Sie vom Thema ab?
- Wie war die Konzentrationsfähigkeit der Gesprächsteilnehmer?

Rollenwechsel: C wird selbst ein aktiver Gesprächsteilnehmer und diskutiert mit A. B übernimmt die Rolle des Beobachters. Das Spiel beginnt von neuem.

Nach insgesamt einer halben Stunde (10 Minuten + 5 Minuten + 10 Minuten + 5 Minuten) versammeln sich alle Teilnehmer wieder im Plenum und tauschen ihre Erfahrungen und Aha-Erlebnisse aus.

Der Trainer fragt die Teilnehmer, was sie gelernt haben.

Zum Beispiel:

- Kurze Sätze werden besser verstanden als lange.
- Zuhören erfordert ein hohes Maß an Konzentration.
- Zuhören wird immer schwieriger, je uneiniger die Gesprächspartner sind.
- Die Versuchung ist groß, an den eigenen Beitrag zu denken, während der andere spricht.
- Um gehört zu werden, ist es wichtig, laut und deutlich zu sprechen.

Interessante Themen

Es ist von Vorteil, wenn die Teilnehmer ihre Gesprächsthemen selbst definieren. Je kontroverser, desto besser. Tabuthemen sind allerdings Politik, Sex und Religion.

Falls den Teilnehmern „nichts einfällt" (Unsicherheit über Sinn und Zweck der Übung), schlägt der Trainer selbst einige Themen zur Auswahl vor:

- Was macht ein Unternehmen nach einer Umorganisierung oder Fusion mit überzähligen Mitarbeitern?
- Welchen Nutzen bringt die Einbeziehung der Mitarbeiter in die Erarbeitung einer neuen Unternehmensvision?
- Wo verläuft die Grenze zwischen „kleine Geschenke erhalten die Freundschaft" und Bestechung?
- Was halten Sie von Windrädern zur Energie-Erzeugung?
- Warum brauchen wir mehr weibliche Führungskräfte?
- Was ist besser? Ein Haus kaufen oder mieten?

Rollenspiel Verkauf

Eine Alternative zu der oben beschriebenen Übung zu Dritt ist ein Rollenspiel, bei dem die Teilnehmer ein Verkaufsgespräch oder eine andere Gesprächssituation mit einem Kunden simulieren.

Der Trainer will von den Teilnehmern wissen, wer sich selbst als guter Zuhörer einschätzt und bittet um Handzeichen. Der oder diejenigen führen eine Verhandlung mit einem Kunden. Ein Assistent nimmt die Verhandlung auf Video auf. Der Trainer beobachtet das Rollenspiel, ohne zu unterbrechen. Anschließend fragt er die Mitwirkenden, wie sie das Rollenspiel empfunden haben, und was sie dabei gelernt haben. Dann befragt er die Zuschauer, welche besonderen Verhaltensweisen ihnen bei den Mitspielern aufgefallen sind. Erst dann gibt der Trainer selbst Feedback.

Zum Schluss schauen sich alle den Videofilm an. Es ist ein Aha-Erlebnis, ein besonders typisches Bild für den Gesprächsverlauf eine Weile festzuhalten.

Es darf gelacht werden, aber es ist auch Aufgabe des Trainers, dafür zu sorgen, dass keiner der Mitspieler das Gesicht verliert oder von den anderen Teilnehmern gemobbt wird. Diese Gratwanderung gelingt am besten, wenn der Trainer die hier so offenbarten Fehler als wunderbare Chance zum Lernen interpretiert.

Kommunikation (3): Widerstände überwinden

Sinn und Zweck der Kommunikationstechnik „Widerstände überwinden" ist es, bei berechtigten Beschwerden und Reklamationen die eigenen Forderungen auch gegen Widerstand durchzusetzen.

Der Schlüssel zum Erfolg liegt darin, nicht nur zu klagen, sondern klar und deutlich der eigenen Erwartung Ausdruck zu geben und die Forderung so lange zu wiederholen, bis der Gesprächspartner einlenkt.

Diese Argumentationstechnik stammt von dem Amerikaner Manuel J. Smith (siehe www.webheights.net und Literaturverzeichnis). Für die vorliegende Version ist allein die Autorin verantwortlich.

Nach einer freundlichen Einleitung des Gesprächs, um auf die gleiche Wellenlänge zu kommen, folgt ein Kreislauf von drei sich ständig wiederholenden Gesprächstechniken:

1. Forderung stellen

2. Einwand behandeln

3. Forderung wiederholen

Die gleiche Wellenlänge anpeilen

Der Interessent, der seine berechtigte Forderung durchsetzen will – Person A – beginnt mit einer freundlichen Einleitung des Gesprächs. Er versucht, das Interesse seines Gesprächspartners (Person B) zu wecken und auf die gleiche Wellenlänge zu kommen.

Tipps für die freundliche Einleitung eines Gesprächs

- A beginnt mit etwas, was B interessiert.
- A stellt B eine Frage zu einem Thema, worüber B gerne spricht.
- A sendet B positive Signale mit seiner Körpersprache (Lächeln, Augenkontakt, offene Körperhaltung, kraftvolle Stimme).
- A wagt etwas Außergewöhnliches, um die Aufmerksamkeit von B zu wecken.
- A weckt mit Worten Wunschbilder im Kopf von B.
- A denkt sich eine Metapher aus, die der Situation angemessen ist und sich bei B einprägt.
- A benutzt nicht nur eine akademische, rationale Sprache (linke Gehirnhälfte), sondern stimuliert mit seiner Ausdrucksweise auch die Gefühle und die Vorstellungskraft (rechte Gehirnhälfte) von B.

▶ **Forderung stellen**

Person A schildert den Sachverhalt, warum er mit einem Produkt oder einer Dienstleistung unzufrieden ist und stellt kurz und bündig seine Forderung. Das erfordert, dass A sich vorher genau überlegt, was er sagen will, und dass er es klar zum Ausdruck bringt.

A begründet seine Forderung, unterstreicht sie aber nur mit einem oder höchstens zwei Argumenten. Denn er hat gelernt, je mehr er redet, desto weniger ist B im Stande, sich an das Gesagte zu erinnern. Die Botschaft ertrinkt in einem Schwall von Worten. Anfang und Schluss bleiben am besten im Gedächtnis haften. Deshalb arrangiert A schon als Teil seiner persönlichen Gesprächsvorbereitung seine Argumente gemäß ihrer Durchschlagskraft. Das zweitbeste kommt an den Anfang, das alles schlagende Argument ganz zum Schluss.

▶ **Einwänden begegnen**

Wie zu erwarten, antwortet Person B mit Einwänden – zum Beispiel:

- Das höre ich zum ersten Mal.
- Das ist die Ware, die wir am meisten verkaufen.
- Bisher hat sich noch niemand beschwert.
- Wir haben viel positives Feedback für x bekommen.
- Es ist bei uns nicht üblich, Geld zurückzuzahlen.
- Das haben Sie selbst verursacht.
- Ich verstehe nicht, was Sie meinen.
- Da kann ich nichts machen.

usw.

Person A hört aufmerksam zu, welche Einwände der Gesprächspartner vorbringt, und entspannt die Situation durch aktives Zuhören – zum Beispiel:

- Ich verstehe, dass das bei Ihnen nicht üblich ist ...
- Ich glaube Ihnen, dass Sie für diese Ware zum ersten Mal eine Reklamation bekommen ...

(siehe Kommunikationstechnik aktives Zuhören)

Dann geht A auf den Einwand ein und wiederholt seine Forderung – zum Beispiel:

- Ich glaube Ihnen gerne, dass Ihre Kunden die Produktqualität der Firma X sehr loben (aktives Zuhören). Auch ich habe in der Vergangenheit gute Erfahrungen mit den Produkten der Firma X gemacht (auf die gleiche Wellenlänge kommen) und deswegen bei Ihnen den Printer X gekauft. Für mich war es ebenso überraschend wie für Sie, dass dieser Printer schon nach zwei Tagen seinen Geist aufgegeben hat. Offensichtlich handelt es sich dabei um ein „Montagsprodukt". Als Kunde habe ich ein Recht auf Ersatz. Bitte holen Sie den alten Printer ab, und bringen Sie mir einen neuen (Forderung stellen).

Wahrscheinlich kommt B mit einem neuen Argument, warum er der Forderung von A nicht stattgeben kann – zum Beispiel:

- Der Printer war ein Sonderangebot. Darauf gibt es keine Garantie.

▶ Forderung wiederholen

A behandelt den Einwand und wiederholt seine Forderung – zum Beispiel:

Ich verstehe, dass der Printer ein Auslaufmodell ist und Sie ihn deshalb als Sonderangebot verkaufen. Auch Vorjahresmodelle müssen technisch einwandfrei sein. Deshalb bestehe ich darauf, dass Sie mir kostenfrei einen neuen Printer geben und den alten zurücknehmen.

Nachdem die Forderung ausgesprochen ist, macht A eine Pause und blickt seinem Gesprächspartner so lange fest in die Augen, bis dieser den Blick senkt.

B kommt erwartungsgemäß mit neuen Einwänden, warum es nicht geht. A hat sich schon als Teil seiner persönlichen Gesprächsvorbereitung eine Liste mit möglichen Einwänden gemacht und sich überlegt, wie er sie entkräftet (Tipps zur Einwandbehandlung finden Sie im nächsten Abschnitt).

Welchen Einwand B auch vorbringt, A lässt nicht locker. Je öfter er seine Forderung wiederholt, desto schwieriger wird es für B, neue Einwände zu finden und an seiner ablehnenden Haltung festzuhalten. Steter Tropfen höhlt den Stein.

A wiederholt seine Forderung so lange, bis er sein Ziel erreicht hat.

Alternative 1

Die Sache ist komplexer als A dachte. Die Einwände von B sind zum Teil berechtigt. A und B treffen sich auf halbem Wege und schließen einen Kompromiss.

Alternative 2

B bleibt stur und ist nicht gewillt nachzugeben, oder B hat nicht die Befugnis dazu, A entgegenzukommen. Dann geht A zur nächsthöheren Instanz und verlangt zum Beispiel, den Chef zu sprechen. Oder er lässt den Konflikt eskalieren und droht mit negativen Konsequenzen.

Vorsicht: Wer mit Gegenmaßnahmen droht, muss darauf eingestellt sein, diese auch umzusetzen. Wer zögert, untergräbt seine Glaubwürdigkeit und Autorität.

Kommunikation (4) Einwänden begegnen

Gründe für Uneinigkeit

Die wichtigsten Gründe für Uneinigkeit sind:

1. Mangel an Vertrauen

2. Eine unterschiedliche Wirklichkeitsauffassung

3. Interessenkonflikte

Mangel an Vertrauen

Das Sprichwort sagt: „Wer einmal lügt, dem glaubt man nicht, auch wenn er dann die Wahrheit spricht." Es geht schnell, Vertrauen zu zerstören, aber es dauert lange, Vertrauen wieder aufzubauen.

Um langfristig eine gemeinsame Vertrauensbasis mit Geschäftspartnern zu schaffen, ist es wichtig, dass Worte und Handlungen miteinander im Einklang stehen. Wer es ehrlich meint, sagt, was er tut, und tut, was er sagt. Auf ihn ist Verlass. Er zeigt Einfühlungsvermögen, Sympathie und Verständnis für den Standpunkt des anderen.

Nur durch Fragen stellen und interessiertes Zuhören findet ein Verkäufer heraus, in welcher Situation sich sein Kunde gerade befindet, und was dessen Idealvorstellung ist. Ein klar definiertes Ziel hilft dem Anbieter, Ideen zu entwickeln und Vorschläge zu unterbreiten, wie der Kunde vom Wunsch zur Wirklichkeit kommt.

Kundenorientierung zahlt sich aus. Wenn Verkäufer und Kunde auf der gleichen Wellenlänge agieren, werden nicht nur – für beide Seiten – gute Geschäfte gemacht, sondern es entstehen oft auch persönliche Freundschaften.

Unterschiedliche Wirklichkeitsauffassung

Jeder Mensch ist einzigartig: Er hat seine eigenen Werte, seine ganz persönliche Erfahrung und sein spezielles Wissen. Deshalb ist es ganz natürlich, dass ein und dasselbe Wort oder ein und dieselbe Situation bei verschiedenen Menschen ganz unterschiedliche Assoziationen, Interpretationen und Reaktionen hervorruft.

Außerdem hat jede Sache viele Seiten. Es ist vertane Zeit und Mühe, sich darüber zu streiten, wer „Recht" und wer „Unrecht" hat. Der Kampf um Gewinnen und Verlieren führt dazu, dass es oft gar nicht mehr um das Finden einer guten Lösung geht, sondern nur noch um Macht- und Statusspiele. Der Gewinner hat die Schlacht gewonnen, doch den Krieg verloren. Denn der Verlierer zieht sich frustriert zurück und sinnt auf Rache. Der Konflikt schraubt sich in einer negativen Spirale hoch.

Deshalb ist es besser, wenn beide Parteien bereit sind, die Perspektive zu wechseln, indem jeder versucht, die Angelegenheit aus der Sicht des anderen zu betrachten. So schaffen sich die Kontrahenten eine gemeinsame Wirklichkeitsauffassung. Edward de Bono (siehe www.edwdebono.com und Literaturverzeichnis) nennt es „paralleles Denken", wenn Menschen zeitgleich ihre „Hüte wechseln": Zunächst diskutieren Sie die Ist-Situation, dann die Vorteile, die Nachteile und schließlich die Verbesserungsmöglichkeiten. Alle haben den gleichen Fokus. Anstatt – wie leider oft in der Praxis – aneinander vorbeizusprechen, verläuft das Gespräch harmonisch und effizient.

Interessenkonflikte

Interessenkonflikte gibt es immer dann, wenn der Kuchen zu klein ist, um alle satt werden zu lassen. Interessenkonflikte begleiten von der Geburt bis zum Tod. Schon der erstgeborene „kleine Prinz", der es gewohnt ist, die ungeteilte Liebe von Eltern und Verwandten auf sich zu ziehen, denkt bestürzt: „Zu was brauchen wir den?", wenn plötzlich ein neues Geschwisterchen seinen Teil der elterlichen Aufmerksamkeit beansprucht.

Interessenkonflikte lassen sich nur schwer lösen. Ehrlichkeit währt am längsten. Wenn die unterschiedliche Interessenlage allen Beteiligten klar ist, fällt es leichter, sich auf Spielregeln und Kriterien für wichtige Entscheidungen zu einigen. Je mehr die Betroffenen an der Erarbeitung dieser Kriterien beteiligt sind, desto größer ist die Chance, dass sie sich an die Spielregeln halten.

Strategien zur Behandlung von Einwänden

1. Einwände voraussehen und entkräften

2. In schwierigen Situationen die Fassung bewahren

3. Vertrauen aufbauen

4. FFF – Die „Fühle,-fühlte,-fand"-Formel

5. Vorteile verkaufen

6. Non-stop-Opposition neutralisieren

7. 101 Prozent-Formel

8. Unannehmlichkeiten aus dem Weg gehen

Einwände voraussehen und entkräften

Vorbeugen ist besser als heilen. Wer seinem Gegenüber schon im Vorfeld den Wind aus den Segeln nimmt, stärkt seine Aussichten auf Erfolg.

Erinnern Sie sich, welche Einwände Sie am häufigsten zu hören bekommen. Schreiben Sie alle Gegenargumente auf und überlegen Sie, wie Sie diese entkräften. Greifen Sie in einem Gespräch die erwarteten Einwände auf – bevor es Ihr Gesprächspartner tut – und entkräften Sie sie selbst.

In schwierigen Situationen die Fassung bewahren

Jeder ist der Chef seiner Gefühle. Niemand kann Sie dazu zwingen, sich über einen Einwand zu ärgern oder die Fassung zu verlieren. Ein amerikanisches Sprichwort sagt: „Never let them see you sweat". Niemand braucht zu sehen, wie Ihnen der Schweiß ausbricht, wenn Sie jemand in die Enge drängt. Auch wenn es im Innersten kocht, gilt es, nach außen die Fassung zu bewahren. Lautstärke bringt nichts.

Erfolgreiche Menschen wirken auf andere wie ein Magnet. Wer auch in schwierigen Situationen seine Souveränität bewahrt, findet Achtung und Anerkennung.

Hinter Kritik und Einwänden verbirgt sich häufig der Wunsch nach mehr Information. Eigentlich ein Grund zur Freude. Denn sie zeigen Interesse und geben Gelegenheit, den eigenen Standpunkt zu verdeutlichen und die Vorteile klar aufzuzeigen.

Vertrauen aufbauen

Wenn Sie Vertrauen aufbauen wollen, versuchen Sie, Einigkeit zu erzielen. Verzichten Sie auf persönliche Kritik und hüten Sie sich davor, religiöse oder politische Überzeugungen anderer anzugreifen oder lächerlich zu machen. Verkneifen Sie sich die Bemerkung: „Sie irren" oder „Davon verstehen Sie nichts". Das hört niemand gern. Hören Sie zu, und zeigen sie Verständnis für einen Standpunkt. Zeigen Sie Einfühlungsvermögen. Wenn Sie in seiner Situation wären, würden Sie vielleicht das gleiche denken oder tun.

Nicken Sie mit dem Kopf, wenn Ihr Gegenüber Ihnen seinen Standpunkt erklärt. Wiederholen Sie mit Ihren eigenen Worten seine Aussage, damit er weiß, dass Sie ihn verstehen:

Wenn ich Sie richtig verstanden habe, meinen Sie …
Ich verstehe, dass Sie der Ansicht sind …
In Ihrer Situation würde ich sicher auch …
Ich respektiere Ihre Meinung, dass ...

Verständnis zeigen bedeutet nicht, mit Ihrem Gegenüber einig zu sein. Seine Gefühle und seine Einschätzungen sind der Spiegel seiner persönlichen Wirklichkeitsauffassung. Wenn Sie es versäumen, die Angelegenheit mit seinen Augen zu sehen, ist er kaum bereit, Ihr Anliegen mit Ihren Augen zu sehen.

Gleich und Gleich gesellt sich gern. Kommen Sie auf die gleiche Wellenlänge, indem Sie Stimme und Körpersprache Ihres Gegenübers widerspiegeln. Für speziell Interessierte sei an dieser Stelle die Technik des „Neurolinguistischen Programmierens (NLP)" empfohlen. (siehe www.influence-integrity.com und Literaturverzeichnis Genie Z. Laborde)

FFF – Die „Fühle,-fühlte,-fand"-Formel

Mit der FFF-Formel (fühle, fühlte, fand) verwandeln Sie ein „nein" in ein „ja".

Wenn jemand Ihren Vorschlag ablehnt, atmen Sie tief ein, schauen Sie ihm fest in die Augen und sagen Sie mit ruhiger Stimme: „Ich *fühle,* dass Sie noch Bedenken gegen meinen Vorschlag haben. Andere in Ihrer Situation (nun nennen sie jemanden, mit dem sich Ihr

Gesprächspartner identifiziert) *fühlten* genau dasselbe wie Sie." (Jetzt bringen Sie zum Ausdruck, dass Sie die Einwände und Ängste Ihres Gegenübers ernst nehmen. Sie geben ihm Streicheleinheiten für die Seele und das Gefühl, dass er mit seiner Meinung nicht allein dasteht, sondern dass andere genau so denken beziehungsweise dachten wie er.)

Nun punkten Sie mit dem entscheidenden Argument, indem Sie hinzufügen: „Bis sie (die anderen) heraus*fanden,* dass Vorschlag x faktisch viele Vorteile (durch Beispiele und Argumente belegen) hat. Jetzt sind sie hoch zufrieden und empfehlen jedem weiter, xyz zu tun. Rufen sie Herrn A oder Frau B an, und überzeugen Sie sich persönlich vom Erfolg von xyz."

Die FFF-Formel wirkt, weil die meisten Menschen Angst haben, eine falsche Entscheidung zu treffen. Sie vertrauen nicht ihrem eigenen Urteilsvermögen, sondern schließen sich der Meinung von erfolgreichen Menschen an, die ihnen als Vorbild dienen.

Indem Sie zunächst Einfühlungsvermögen zeigen (fühle), bauen Sie Vertrauen auf. Der Hinweis, dass andere genauso fühlten, hilft Ihrem Gegenüber, das Gesicht zu wahren. Sein Ego wird gestärkt. Er braucht nicht in die Defensive zu gehen. Nachdem er sich mit der von Ihnen angesprochenen Gruppe oder Person identifiziert hat, wird er auch bereit sein, seine Meinung zu ändern. Schließlich hat sein Vorbild dies ebenfalls getan und damit Erfolg geerntet. Das überzeugt ihn.

Die beschriebenen psychischen Prozesse erklären auch, warum persönliche Empfehlungen und Referenzprojekte im Geschäftsleben so wichtig sind.

Vorteile verkaufen

Wenn Sie andere Menschen überzeugen wollen, verkaufen Sie die Vorteile Ihres Vorschlags, Produktes oder Ihrer Dienstleistung – natürlich aus der Sicht des Empfängers.

Erkunden Sie die Motivationsfaktoren Ihres Gegenübers. Diese lassen sich in der Regel in zwei Kategorien aufteilen: Unangenehmes vermeiden und Positives erfahren. Schon Albert Einstein erkannte diese Triebfedern für menschliches Handeln: „Alles, was von den Menschen getan und erdacht wird, gilt der Befriedigung gefühlter Bedürfnisse, sowie der Stillung von Schmerzen."

Welche negativen Gefühle wollen wir vermeiden? Jede Art von Verlust: Sicherheit, Geld, Liebe, Macht, Status, Anerkennung, Gesundheit, Freude usw. Finden Sie durch Fragen heraus, welche Art von Verlust Ihr Gesprächspartner am meisten fürchtet. Überzeugen Sie ihn davon, dass er mit Hilfe Ihrer Idee, Ihres Produktes oder Ihrer Dienstleistung den Schmerz eben dieses Verlustes vermeidet.

Und umgekehrt: Finden Sie durch Fragen seine positiven Motivationsfaktoren heraus. Was will er gewinnen? Geld, Liebe, Macht, Status, Anerkennung, Gesundheit, Freude, was noch? Überzeugen Sie ihn, dass er durch Akzeptieren Ihrer Idee oder Kaufen Ihres Produktes/Ihrer Dienstleistung die Befriedigung eben dieser Bedürfnisse erfahren wird.

Verkaufen Sie auf den jeweiligen Empfänger maßgeschneiderte Vorteile. Stellen Sie Fragen, und hören Sie gut zu, was er antwortet. Es nützt wenig, ihm „höhere Effektivität" zu versprechen, wenn sein Hauptinteresse seiner Freizeit gilt.

Wenn Sie einen Vorschlag unterbreiten, sprechen Sie die vier magischen Worte: „Das bedeutet für Sie". Dann beenden Sie den Satz, indem Sie die Vorteile aufzeigen.

Zum Beispiel:

> „Dieses Handbuch ist eine Investition in die Zukunft Ihres Unternehmens. Sie bekommen auf rund 200 Seiten Methodenwissen für die Unternehmensentwicklung. Das bedeutet für Sie, dass Sie künftig tausende von Euro einsparen, die Sie sonst für externe Berater aufgewendet hätten. Sie führen Ihren Veränderungsprozess in eigener Regie durch. Falls dennoch externe Expertise angesagt ist: Nach der Lektüre dieses Handbuches sind Sie besser in der Lage, die Qualität von potenziellen Beratern einzuschätzen und klare Anforderungen an seine Leistung zu stellen. So gewinnen Sie eine größere Entscheidungssicherheit."

Non-stop-Opposition

Es gibt Menschen, die Lust dabei empfinden, permanent in Opposition zu sein. Wenn Sie „ja" sagen, sagen jene „nein". Wenn Sie „jetzt" sagen, sagen jene „später". Egal, was Sie tun und sagen, es gelingt Ihnen nicht, einen Konsens zu erzielen.

Oppositions-Typen haben oft eine „heimliche Tagesordnung". Sie halten ihre eigenen Motive und Absichten verborgen.

Wenn jemand immer neue Einwände vorbringt, sagen Sie höflich: „Ich möchte gern eventuelle Missverständnisse aufklären. Was ist der wirkliche Grund Ihrer Einwände? Bitte sagen Sie mir ehrlich Ihre Meinung und geben Sie mir eine Chance, darauf zu antworten." Falls der Oppositions-Typ weiterhin seine Einwände geltend macht, fragen Sie ihn ganz direkt: „Wenn ich auf Ihren Einwand zufriedenstellend antworten würde, wären Sie dann mit mir einig? (oder: würden Sie dann kaufen?)" Auf diese Art und Weise finden Sie heraus, ob der Betreffende daran interessiert ist, eine Lösung zu finden oder ob er ein unverbesserlicher Besserwisser ist, der nur ein Ventil für seine Aggression braucht.

101-Prozent-Regel

Sie sind fast in allen Punkten (99 Prozent) mit Ihrem Gesprächspartner uneinig. Was tun, um dennoch auf die gleiche Wellenlänge zu kommen? Verändern Sie den Fokus Ihrer Aufmerksamkeit. Finden Sie einen kleinen Bereich (ein Prozent), in dem Sie gemeinsame Interessen haben. Gehen Sie mit 100 Prozent Enthusiasmus auf dieses Thema ein.

Unannehmlichkeiten aus dem Weg gehen

Wenn Sie sich vom Thema eines Gesprächs unangenehm berührt fühlen, fragen Sie: „Warum sagen Sie das?" oder wechseln Sie das Thema, indem Sie eine Frage zu etwas ganz anderem stellen.

Kommunikation (5) Killerphrasen vermeiden

Killerphrasen sind Worte und Sätze, die das gute Gefühl töten. Solche unglücklichen Formulierungen sind zum Beispiel:

- Normen (sollen, müssen, dürfen)

- Weichmacher (können, helfen)

- Ich-Bezogenheit (ich, wir, unser)

- Imperative (Aufforderungen mit großem Ausrufezeichen !)

- Ja – aber

▶ **Normen**

Normative Formulierung: „Ihr Unternehmen *sollte* ein Leitbild haben."
Positiv umformulieren – zum Beispiel:
„Die gemeinsame Erarbeitung eines Unternehmensleitbildes stärkt die Identifikation der Mitarbeiter mit dem Unternehmen und beschleunigt damit die Zielerreichung."

Positiv umformulieren – machen Sie selbst einen Vorschlag, der in Ihre spezielle Arbeitssituation passt:

_____

_____

_____

_____

Normative Formulierung: „... und wie *sollen* Sie all dies erreichen?"
Positiv umformulieren – zum Beispiel:
„Und seien Sie gespannt: Der Schlüssel zum Erfolg ist ..."

Positiv umformulieren – machen Sie selbst einen Vorschlag, der in Ihre spezielle Arbeitssituation passt:

_____

_____

_____

_____

Normative Formulierung: „Eine Führungskraft *muss* kommunizieren *können.*"
Positiv umformulieren – zum Beispiel:
„Wenn Sie lernen, noch besser zu kommunizieren, stärken Sie Ihre Führungsposition und damit Ihre persönliche Karriere."

Positiv umformulieren – machen Sie selbst einen Vorschlag, der in Ihre spezielle Arbeitssituation passt:

_____

_____

_____

_____

Normative Formulierung: „Eine Führungskraft *muss* soziale Kompetenz besitzen."
Positiv umformulieren – zum Beispiel:
„Soziale Kompetenz stärkt Ihr Ansehen als herausragende Führungskraft."

Positiv umformulieren – machen Sie selbst einen Vorschlag, der in Ihre spezielle Arbeitssituation passt:

_____

_____

_____

_____

Normative Formulierung: „*Darf* ich Ihnen meine Visitenkarte geben?"
Positiv umformulieren – zum Beispiel:
„Hier ist meine Visitenkarte speziell für Sie."

Positiv umformulieren – machen Sie einen Vorschlag, der in Ihre spezielle Arbeitssituation passt:

_____

_____

_____

_____

▶ **Weichmacher (können, helfen)**

Weichmacher-Formulierung: „Sie *können* Ihre Konzentrationsfähigkeit und damit Ihre persönliche Arbeitseffektivität steigern."
Positiv umformulieren – zum Beispiel:
„Mit erhöhter Konzentrationsfähigkeit steigern Sie Ihre bewundernswerte Arbeitseffektivität noch mehr."

Positiv umformulieren – machen Sie einen Vorschlag, der in Ihre spezielle Arbeitssituation passt:

_____

_____

_____

_____

Weichmacher: „Sie *können* neue Möglichkeiten entdecken, wo andere nur Probleme sehen."
Positiv umformulieren – zum Beispiel:
„Sie schärfen Ihren Blick für neue Möglichkeiten."

Positiv umformulieren – machen Sie selbst einen Vorschlag, der in Ihre spezielle Arbeitssituation passt:

_____

_____

_____

_____

Weichmacher und Norm: „Sie *können* auf der Karriereleiter nach oben klettern, ohne dafür den Preis einer geschiedenen Ehe bezahlen zu *müssen*."
Positiv umformulieren – zum Beispiel:
„Für Sie sind Karriere und ein harmonisches Familienleben eine selbstverständliche Einheit."

Positiv umformulieren – machen Sie selbst einen Vorschlag, der in Ihre spezielle Arbeitssituation passt:

_____

_____

_____

_____

▶ **Ich-Bezogenheit**

> Ich-Bezogenheit: „*Ich* helfe Ihnen, Ihre Ziele schneller zu erreichen.“
> Positiv umformulieren – zum Beispiel:
> „Dank kreativer und effizienter Arbeitsmethoden sehen Sie Ihr Ziel klarer vor Augen und erreichen es in kürzerer Zeit.“

Positiv umformulieren – machen Sie selbst einen Vorschlag, der in Ihre spezielle Arbeitssituation passt:

_____

_____

_____

_____

> Ich-Bezogenheit: „*Ich* habe ein neues Konzept entwickelt.“
> Positiv umformulieren – zum Beispiel:
> „Gerade in Ihrer Situation (konkret beschreiben, welche Situation) ist dieses völlig neue Konzept von großem Nutzen (konkret sagen, welcher Nutzen).“

Positiv umformulieren – machen Sie selbst einen Vorschlag, der in Ihre spezielle Arbeitssituation passt:

_____

_____

_____

_____

> Ich-Bezogenheit – zum Beispiel:
> „*Wir* haben speziell für Sie dieses Seminar entwickelt.“
> Positiv umformulieren – zum Beispiel:
> „Der Besuch dieses Seminars gibt Ihnen einen Wissensvorsprung vor Ihren Mitbewerbern. Und zur Elite zu gehören, war schon immer Ihr Wunsch – stimmt's?“

Positiv umformulieren – machen Sie selbst einen Vorschlag, der in Ihre spezielle Arbeitssituation passt:

_____

_____

_____

_____

Ich-Bezogenheit: „*Ich* schlage Ihnen vor, ...“
Positiv umformulieren – zum Beispiel:
„Sie erkennen ganz deutlich ...“

Positiv umformulieren – machen Sie selbst einen Vorschlag, der in Ihre spezielle Arbeitssituation passt:

_____

_____

_____

_____

▶ **Imperative**

Imperative vermitteln Druck, der zu Gegendruck führt. Ausrufezeichen wirken wie
ein Blitzschlag!!!!! Eine Anhäufung von !!!!! schafft im Unterbewusstsein negative
Gefühle. Der Mensch wehrt sich dagegen, etwas zu *sollen* oder zu *müssen*.
Imperativ: „Rufen Sie jetzt an!“
Positiv umformulieren – zum Beispiel:
„Die ersten zehn Anrufer bekommen eine Prämie.“

Positiv umformulieren – machen Sie selbst einen Vorschlag, der in Ihre spezielle Arbeitssituation passt:

_____

_____

_____

_____

Imperativ: „Greifen Sie zu!“
Positiv umformulieren – zum Beispiel:
„Hier finden Sie, was Sie sich schon immer gewünscht haben.“

Positiv umformulieren – machen Sie selbst einen Vorschlag, der in Ihre spezielle Arbeitssituation passt:

_____

_____

_____

_____

▶ **Ja – aber**

> Die Formulierung „Ja ... ..., aber ..." tötet Kreativität und Motivation. Ersetzen Sie „Ja
> ... ..., aber ..." durch „und".
> Ja – aber: „Das ist eine gute Idee, aber ... "
> Positiv umformulieren – zum Beispiel:
> „Das ist ein hervorragender Vorschlag, und die Aussichten auf Erfolg werden noch
> weiter steigen, wenn ..."

Positiv umformulieren – machen Sie selbst einen Vorschlag, der in Ihre spezielle Arbeitssituation passt:

_____

_____

_____

_____

Der Preis als Einwand im Verkaufsgespräch

Die häufigsten Einwände im Verkaufsgespräch gelten dem Preis. Lassen Sie sich nicht zu
sehr auf Diskussionen ein. Denken Sie daran: Die Bereitschaft, einen Preis zu zahlen, und
die Fähigkeit, einen Preis zu zahlen, sind zwei Paar Schuhe. Ob der Kunde „ja" oder
„nein" sagt, liegt in der Regel nicht am Preis. Das Argument „zu teuer" ist oft nur vorder-
gründig ein Kaufeinwand. Der Preis ist das Unterscheidungskriterium zwischen verschiedenen Produkten. Stellen Sie Ihr Produkt möglichst differenziert auf der Grundlage
nichtpreislicher Faktoren dar (siehe Differenzierungskriterien im ersten Kapitel). Stellen
Sie statt des Preises die besonderen Vorteile des Produktes für den Kunden heraus.

Versuchen Sie bei der ersten Frage nach dem Preis, diese zurückzustellen und später zu
beantworten. Oder Sie antworten auf die Frage nach dem Preis: „Das Beste daran ist, dass
Sie keinerlei Risiko dabei eingehen. Wenn xyz nicht genau das Richtige für Sie ist, kostet
es Sie keinen Cent." Die verblüffende Rückfrage des Kunden beantworten Sie wie folgt:
„Herr Kunde, was auch immer ich Ihnen anbiete, wenn es Ihnen nicht zusagt, kaufen Sie
es nicht, oder?" Sie fahren fort: „Herr Kunde, wenn Sie nichts kaufen, kostet es nichts. Es
kostet Sie gar nichts. Alles was ich jetzt brauche, sind zehn Minuten Ihrer Zeit, um Ihnen
zu zeigen, was ich für Sie habe. Sie entscheiden dann, ob es für Sie nützlich ist." Weitere
Tipps und Tricks finden Sie im Buch von Brian Tracy: Advanced Selling Strategies. (siehe www.briantracy.com und Literaturverzeichnis)

Nennen Sie die Vorteile wie Sicherheit, Bequemlichkeit, Qualität, Dauerhaftigkeit, Kundendienst, Beratung, Garantien, Lebensdauer des Produktes usw. Betonen Sie die starken Seiten Ihres Produktes und Ihrer Firma. Denn höhere Anschaffungskosten eines Produktes zahlen sich meist durch niedrigere langfristige Kosten aus. „Wenn du dir Qualität leisten kannst, kannst du es dir nicht leisten, keine Qualität zu kaufen."

Behauptet der Kunde noch immer: „Der Preis ist zu hoch", entgegnen Sie auf diesen Einwand:

- „Warum sagen Sie das?"
- „Warum empfinden Sie das so?"
- „Was meinen Sie mit ‚zu teuer'?"
- „Zu teuer im Verhältnis zu was?"
- „Mit was vergleichen Sie den Preis?"

Oft ist der Preiseinwand nur ein Vorwand für Bedenken ganz anderer Art.

Zeigen Sie, dass Ihr Produkt nicht zu viel kostet. Entgegnen Sie auf den Kosteneinwand: „Wie viel zuviel kostet es?" oder „Wie viel sind wir darüber?" Betonen Sie die Vorteile Ihres Produktes. Stellen Sie exemplarische Kosten-Nutzen-Rechnungen auf, die belegen, dass sich die höhere Investition mittel- und langfristig auszahlt.

Das Kaufverlangen reduziert die Sensibilität gegenüber dem Preis. Heben Sie sich Rabattangebote und sonstige Preisnachlässe als „Joker" für kritische Momente im Verkaufsgespräch auf.

Kommunikation (6): Wer fragt, der führt

Fragen verbessern die Kommunikation und schaffen Klarheit. Es gibt verschiedene Arten von Fragen. Jede von ihnen erfüllt einen anderen Zweck:

- Informationsfragen

- Sachfragen

- Konsensfragen

- Rhetorische Fragen

- Provokative Fragen

- Suggestiv-Fragen

- Alternativ-Fragen

- Fragen als Antwort auf eine Frage

▶ **Informationsfragen**

Informationsfragen beginnen mit dem Buchstaben W:

- Wer?
- Was?
- Wie?
- Wo?
- Wann?
- Welche?

Vorsicht bei der Frage „Warum?". Darin steckt oft eine heimliche Anklage: „Warum kommst du zu spät?" Zwischen den Zeilen: „Was hast du in Wirklichkeit getrieben? Ich traue dir nicht!"

Zum Beispiel:

Wer ist bei Ihnen verantwortlich für ...?
Was erwarten Sie von uns?
Wie stellen Sie sich die Lösung vor?
Wo ist Ihr gegenwärtiger Fokus?
Welche Werte sind für Sie besonders wichtig?

Formulieren Sie fünf Informationsfragen aus Ihrem eigenen Arbeitsbereich:

_____

_____

_____

_____

▶ **Sachfragen**

Sachfragen dienen dazu herauszufinden, ob Ihr Gesprächspartner Sie richtig verstanden hat.

Zum Beispiel:

> Geklärt?
> Richtig so?
> Sind Sie noch dabei?
> Soweit alles klar?
> Noch Fragen?

Machen Sie sich eine Liste mit Sachfragen für Ihren eigenen Arbeitsbereich:

_____

_____

_____

_____

▶ **Konsensfragen**

Konsensfragen sind kurze, prägnante, geschlossene Fragen um herauszufinden, ob mit dem Gesprächspartner noch Übereinstimmung besteht. Dieser antwortet mit einem kurzem „ja" oder „nein". Nun wissen Sie, ob alles in Ordnung ist.

Zum Beispiel:

> Einverstanden?
> Sind wir auf der gleichen Wellenlänge?
> Sind wir uns einig?
> Geklärt?
> Okay?
> Konsens?

Machen Sie sich eine Liste mit Sachfragen für Ihren eigenen Arbeitsbereich:

_____

_____

_____

_____

▶ **Rhetorische Fragen**

Rhetorische Fragen sind Fragen, auf die keine Antwort erwartet wird oder bei denen sich die Antwort von selbst ergibt.

Zum Beispiel:

> Sind Sie der Meinung, dass lebenslanges Lernen wichtig ist?
> Möchten Sie, dass aus ihren Kindern etwas wird?
> Freuen Sie sich über eine Gehaltserhöhung?

Die Antwort ergibt sich von selbst: „Selbstverständlich, ja."

Machen Sie sich eine Liste mit rhetorischen Fragen für Ihren eigenen Arbeitsbereich:

_____

_____

_____

_____

▶ **Provokative Fragen**

Sinn und Zweck von provokativen Fragen ist es, das Energieniveau in einer Versammlung zu heben. Beispiel: Einer Besprechung ist die Luft ausgegangen, oder das Publikum ist bei einem Vortrag eingeschlafen. Ein Wort der Vorsicht: Eine Provokation kann negative Gefühle hervorrufen, die außer Kontrolle geraten. Vermeiden Sie deshalb Fragen zur Privatsphäre. Wenn Sie ungewollt schon ins Fettnäpfchen getreten sind, sprechen Sie über sich selbst, und wechseln Sie das Thema.

Zum Beispiel:

> Ihr Unternehmen erreicht seine Ziele nicht. Sie berufen eine Besprechung ein und fragen: „Ist hier niemand daran interessiert, Geld zu verdienen?"
> oder
> Nach einem Fest am Vorabend wirkt Ihr Publikum unausgeschlafen und unaufmerksam. Sie provozieren: „Sollen wir gemeinsam schlafen gehen?"

Formulieren Sie fünf provokative Fragen, die zu Ihrer speziellen Arbeitssituation passen:

_____

_____

_____

_____

▶ **Suggestiv-Fragen**

Suggestiv-Fragen haben zum Ziel, andere Menschen zu überzeugen – zum Beispiel in einem Verkaufsgespräch. Mit suggestiven Fragen erhalten Sie die gewünschte Antwort. Entweder liegt die Antwort schon in Ihrer Fragestellung, oder Sie formulieren die Frage so, dass es unmöglich ist zu widersprechen.

Zum Beispiel:

„Sind Sie nicht auch der Überzeugung, dass ...?"
„Ist es nicht wahr, dass ...?"
„Wäre es nicht wunderbar, wenn ...?"
„Sind Sie nicht darin einig, dass ...?"

Formulieren Sie fünf Suggestiv-Fragen, um Menschen zu überzeugen:

_____

_____

_____

_____

Eine andere Variante sind Fragen, die nur mit „ja" beantwortet werden können. Ja-Fragen werden besonders häufig in Verkaufssituationen gestellt. Je öfter der Kunde schon im Vorgespräch bejaht, desto größer ist die Chance, dass er auch beim Abschluss „ja" sagt.

Zum Beispiel:

Ein Telefonverkäufer ruft Sie an und fragt: „Spreche ich mit Herrn Müller?" Da er Ihre Telefonnummer gewählt hat und Sie mit „Müller" geantwortet haben, weiß er selbstverständlich, mit wem er es zu tun hat.

Formulieren Sie fünf Ja-Fragen, die zu Ihrer eigenen Arbeitssituation passen:

_____

_____

_____

_____

▶ **Alternativfragen**

Im Verkaufsgespräch stellt der Verkäufer die Alternativfrage kurz vor dem Abschluss, wenn er merkt, dass der Kunde kaufen will, aber noch einen letzten Anstoß braucht. Die Alternativfrage stellt den Angesprochenen vor die Wahl zwischen zwei positiven Möglichkeiten. Die Überzeugungskunst besteht darin, das, was Sie am liebsten verkaufen wollen, als die attraktivere Lösung darzustellen. Was am Schluss kommt, bleibt am besten im Gedächtnis haften. Deshalb präsentieren Sie zuerst die für Sie weniger günstige Variante und dann die von Ihnen bevorzugte Alternative. Das Ganze runden Sie ab mit einem Vorteil für den Empfänger.

So erhöhen Sie die Attraktivität einer Alternative:

- Menge ausdehnen
- Größe vergrößern
- Arbeitsbereich ausweiten
- Zahlung beschleunigen
- Ausstattung verbessern

Menge ausdehnen

Zum Beispiel:

> Ein zweitägiges Seminar oder lieber gleich ein vollständiges Trainingspaket mit individuellem Feedback und Coaching, damit Sie sicher sind, dass Ihre Mitarbeiter die Ziele auch erreichen?
> Ein einstündiger Vortrag oder ein Tagesseminar mit besserer Möglichkeit für die Umsetzung?
> Nur für diesen Tag oder gleich ein ganzheitliches Programm mit Nachbereitung, um sicherzustellen, dass die Teilnehmer die neuen Methoden auch anwenden?
> Wünschen Sie die Verankerung Ihrer neuen Corporate Identity/Ihres neuen Leitbildes nur hier in Deutschland oder lieber gleich in einem Rutsch bei Ihren Tochtergesellschaften im Ausland, damit das Erscheinungsbild Ihres Unternehmens weltweit sofort einheitlich wird?
> Wünschen Sie ein Training nur für die Führungsmannschaft oder lieber gleich für das ganze Unternehmen, damit alle am gleichen Strang ziehen – und zwar in dieselbe Richtung?

Bereiten Sie fünf Alternativfragen (Menge ausdehnen) aus Ihrem eigenen Arbeitsbereich vor:

_____

_____

_____

_____

Größe vergrößern

Zum Beispiel:

| Nur einen Berater oder lieber gleich ein qualifiziertes Beraterteam?

Bereiten Sie fünf Alternativfragen (Größe vergrößern) aus Ihrem eigenen Arbeitsbereich vor:

_____

_____

_____

_____

Arbeitsbereich ausdehnen

Zum Beispiel:

| Verantwortlich nur für die interne Unternehmenskommunikation oder ebenfalls für die Kundenbeziehungen, damit sicher ist, dass alle die gleiche Information erhalten?

Bereiten Sie fünf Alternativfragen (Arbeitsbereich ausweiten) aus Ihrem eigenen Arbeitsbereich vor:

_____

_____

_____

_____

Zahlung beschleunigen

Zum Beispiel:

| In drei Terminen oder gleich alles? Dann ist alles erledigt, und Sie haben den Rücken frei.

Bereiten Sie fünf Alternativfragen (Zahlung beschleunigen) aus Ihrem eigenen Arbeitsbereich vor:

_____

_____

_____

_____

Ausstattung verbessern

Zum Beispiel:

> Im eigenen Hause oder in einem Tagungshotel mit modernster Ausstattung, um Störfaktoren auszuschalten und sich in aller Ruhe auf die Arbeit zu konzentrieren?

Bereiten Sie fünf Alternativfragen (Ausstattung verbessern) aus Ihrem eigenen Arbeitsbereich vor:

_____

_____

_____

_____

Gesprächspartner/Kunden loben

Nach Abschluss loben Sie Ihren Gesprächspartner/Kunden, um ihn darin zu bestätigen, dass er die richtige Entscheidung getroffen hat.

Zum Beispiel:

> „Ein Manager in Ihrer Position weiß eben, was er zu tun hat."
> „Es ist immer wieder schön zu erleben, wenn sich jemand schnell entscheidet. Das weist auf einen hohen Grad von Intuition hin. Und der Bauch hat meistens Recht, stimmt's?"

Denken Sie sich fünf Komplimente für Ihre Geschäftspartner aus:

_____

_____

_____

_____

Fragen als Antwort auf eine Frage

Mit einer Frage als Antwort auf eine Frage gewinnen Sie Zeit. Während Ihr Gesprächspartner antwortet, überlegen Sie, ob und was Sie antworten oder ob Sie das Thema wechseln wollen. Die Frage als Antwort auf eine Frage hilft Ihnen auch, den Standpunkt Ihres Gegenübers besser zu verstehen.

Zum Beispiel:

> Jemand fragt Sie etwas, worauf Sie keine Antwort wissen. Sie gewinnen Zeit, indem Sie um eine Präzisierung bitten: „Was meinen Sie mit ...?" oder „Was interessiert Sie in diesem Zusammenhang besonders?"

Formulieren Sie fünf Fragen als Antwort auf eine Frage:

_____

_____

_____

_____

Fragen vor Beginn von neuen Projekten

Je besser Sie ein Projekt vorbereiten, indem Sie sich selbst Fragen über Sinn und Zweck des Projektes oder der Verkaufsveranstaltung stellen, desto größer sind Ihre Aussichten auf Erfolg. Hier ist eine Auswahl von Fragen, die sich vor Beginn von neuen Projekten bewährt haben.

- Welche Interessen haben unsere Kunden?
- Welchen Nutzen haben unsere Kunden?
- Welche Interessen haben wir?
- Welchen Nutzen haben wir?
- Was ist das Ziel? Welche Etappenziele setzen wir uns?
- Wie verhalten sich Kosten und Nutzen des Projektes zueinander?

Kosten/Nutzen Matrix	hoch	mittel	niedrig
unser Nutzen			
unsere Kosten			
Kundenutzen			
Kosten des Kunden			

- Welche Informationen habe ich?
- Welche Informationen brauche ich?
- Wie bekomme ich diese Informationen?
- Was sind die Vorteile?
- Was sind die Nachteile?
- Wie kann ich proaktiv vermeiden, dass die Nachteile eintreten?
- Welche Alternativen gibt es?
- Wer hat in meinem Unternehmen schon einmal in ähnlichen Projekten gearbeitet? Welche Lösungen wurden gefunden? Wie haben sich diese in der Praxis bewährt?
- Wer soll im Projekt mitwirken?
- Wie vermeide ich Zielkonflikte zwischen Projekt- und Linienorganisation?
- Welche Aufgaben gilt es zu erfüllen?
- Wer ist verantwortlich für was?
- Wie groß ist mein persönlicher Handlungsspielraum?
- Wie groß ist der Handlungsspielraum des Kunden/Verhandlungspartners?
- Welche Methoden/Verfahren/Prozesse sind zur Aufgabenerfüllung sinnvoll?
- Wer soll den Prozess steuern? (Facilitator, Besprechungsleiter)
- Welche Herausforderungen stellen sich in Bezug auf die Sicherheit? (Datensicherheit, Objektschutz, Personensicherheit)
- Welche Konsequenzen hat die Arbeit im Projekt für das Unternehmen als Ganzes oder für einen anderen Aufgabenbereich?
- Wie sichere ich mir/uns Unterstützung von unseren internen Entscheidungsträgern?
- Wie nutze ich mein persönliches Netzwerk?

Kommunikation (7): Ich-Botschaften senden

Die Kommunikationstechnik der Ich-Botschaft geht auf Dr. Thomas Gordon (siehe www.thomasgordon.com und Literaturverzeichnis) zurück. Dabei geht es darum, den Mut zu haben, zu sagen, was in Ihnen vorgeht, anstatt Ihren Gesprächspartner zu kritisieren oder zu verurteilen. Die hier präsentierte Darstellung wurde von der Autorin entwickelt.

Diese Übung passt sowohl für eine Einzelperson als auch für eine Gruppe in einem Seminar.

Individuell

Notieren Sie auf einem Blatt Papier, was Sie gewöhnlich sagen, wenn Sie sich über andere ärgern. Formulieren Sie dann Ihre Sätze nach nachstehend aufgeführtem Muster um.

Gruppe

Das Wort geht von einem zum anderen, und jeder gibt ein Beispiel dafür, wie er gewöhnlich andere kritisiert. Dann formuliert er die Kritik konstruktiv in eine Ich-Botschaft um. Die Teilnehmer eines Seminars kennen sich in dem Gesagten wieder und lernen voneinander.

Typische Kritik	Ich-Botschaft
Diese Arbeit ist unter aller Kritik.	Ich habe mich offensichtlich nicht klar genug ausgedrückt. Was ich wirklich will, ist ... Ich bin davon ausgegangen, dass Sie ... Nun bin ich enttäuscht, weil ... Ich bitte Sie darum, ...
Sie ärgern mich.	Ich bin heute leicht reizbar.
Wir werden nie informiert.	Ich bitte Sie darum, mich zu informieren. Um meine Arbeit zu erledigen, brauche ich dringend eine Information über ... Ich fühle mich unsicher, wenn ich nicht weiß, was ...
Sie geben mir nie Feedback.	Ich bitte Sie darum, sich mein Konzept anzusehen und mir zu sagen, was Sie davon halten. Das ist wichtig für mich.
Sie meckern immer nur herum.	Bitte sagen Sie mir klar und deutlich, was Ihnen an ... gefällt, und was ich noch besser machen kann. Ich lerne aus Ihrem Feedback.
Sie machen alles allein.	Ich interessiere mich sehr für diesen Aufgabenbereich. Bitte delegieren Sie diese Arbeit an mich. Ich will aktiv am Geschehen mitwirken.
Der Kollege reist ständig auf Seminare.	Ich will an ... Kurs teilnehmen.
Sie sind ein ewiger Besserwisser!	Ich sehe die Sache so ...
Sie sind rücksichtslos!	Ich will, dass Sie ...

Sie sind immer so negativ!	Ich war mir nicht im Klaren darüber, dass Sie die Sache so aufgefasst haben. Lassen Sie mich bitte noch einmal richtigstellen. Ich habe, ... weil ...
Sie sind wohl eine Emanze.	Ich verstehe nicht den Sinn und Zweck eines Seminars nur für Frauen. Ich bin neugierig. Bitte erzählen Sie mir, was Sie in solchen Kursen machen. Warum wollen Sie keine Männer dabei haben?
Der neue Job überfordert Sie wohl?	Mir ist aufgefallen, dass ... Wie kann ich Sie bei Ihrer Arbeit unterstützen?
Sie wollen doch nicht allen Ernstes behaupten, dass ...	Ich bin der Ansicht ... Meines Erachtens ...

Feedback (1): Streicheleinheiten für die Seele

Ziel der folgenden Übungen ist es, den Teilnehmern einer Besprechung/eines Seminars/eines Projektteams Streicheleinheiten für die Seele zu geben, um das Klima der Zusammenarbeit zu verbessern.

Positives Feedback geben

Diese Übung findet sich im Buch Teamworks! von Barbara Sher & Annie Gottlieb (siehe www.barbarasher.com und Literaturverzeichnis).

Der Facilitator gibt folgendes Statement ab: „Stimmen Sie mir darin zu, dass Gerüchte die Atmosphäre vergiften? Allzu oft sprechen Menschen negativ über einander. Lassen Sie uns jetzt gemeinsam dafür sorgen, dass das in unserer Gruppe anders wird. Wir wollen hinter dem Rücken voneinander sprechen – aber nur positiv!"

Ein Teilnehmer sitzt mit dem Rücken zur Gruppe. Das Wort geht von dem einen zu dem anderen. Jeder gibt demjenigen, der mit dem Rücken zur Gruppe sitzt, positives, und wirklich nur positives Feedback. Sarkastische Bemerkungen sind nicht erlaubt. Der Empfänger schreibt alles auf ein Blatt Papier. Dann kommt die Reihe an den Nächsten. Diese Übung wirkt Wunder.

Einander loben und bestärken

Ziel dieser Feedback-Übung ist es, das Selbstvertrauen der Teilnehmer zu stärken. Die Autorin hat diese Übung im Dale-Carnegie-Training (siehe www.dalecarnegie.com und Literaturverzeichnis) in Norwegen gelernt.

Der Facilitator bittet die Teilnehmer darum, nur ehrlich gemeintes Lob zu geben. Ironische Bemerkungen verletzen. Übertreibungen wirken nicht überzeugend.

In einer Gruppe von sechs bis 20 Teilnehmern hält jeder Teilnehmer einen zweiminütigen Vortrag über ein beliebiges Thema seiner Wahl. Einer nach dem anderen tritt vor und spricht. Gleichzeitig schreiben die Zuhörer positive – und wirklich nur positive – Kommentare zu Charaktereigenschaften oder Verhaltensweisen der Person, der Präsentation, dem Aussehen oder zu was auch immer, auf einen Zettel.

Der Facilitator sammelt die Zettel ein, steckt sie in einen Umschlag mit dem Namen des Vortragenden und überreicht ihm den Umschlag am Ende der Veranstaltung. Jeder öffnet seine „Wundertüte" erst, wenn er allein ist.

Für die meisten Menschen ist es ein starkes Erlebnis, diesen Umschlag zu öffnen. Manche heben diesen Umschlag jahrelang auf und holen ihn in schwierigen Situationen hervor, um sich Mut zu machen.

Feedback (2): Positives Feedback annehmen

Ziel dieser Übung ist es zu lernen, positives Feedback entgegenzunehmen, ohne sich selbst zu erniedrigen und damit auch denjenigen, der es ausspricht.

Der Seminarleiter teilt die Teilnehmer in Gruppen à drei Personen ein, die im Plenum zusammensitzen.

Jeder schreibt auf ein Blatt Papier:

- Ein Kompliment, über das ich mich gefreut habe.
- Das Wichtigste, was ich bislang in meinem Leben erreicht habe.
- Meine besonderen Fähigkeiten auf einem Fachgebiet, das ich wirklich gut beherrsche.

Jeder tauscht nun sein Blatt mit den beiden anderen aus.

Person 1 erhält das Blatt von Person 2 und bittet diese um nähere Erläuterungen zu dem, was der Betreffende auf sein Blatt geschrieben hat. Dann gibt Person 1 positives Feedback zu genau dieser Sache.

Zum Beispiel:

Person 1 sagt zu Person 2: „Ich finde, Sie sind ... " (siehe Blatt Person 2) oder „Ich gratuliere Ihnen zu ... (siehe Blatt Person 2) oder „Mir imponiert an Ihnen ... (siehe Blatt Person 2).
Person 2 hört zu, ohne zu unterbrechen, und dankt für das positive Feedback, ohne die Bedeutung der eigenen Leistung zu verringern oder das Lob zurückzuweisen.
Person 2 gibt Person 3 positives Feedback nach dem gleichen Muster.

Wenn alle ihr positives Feedback gegeben haben, diskutiert die Dreiergruppe fünf bis zehn Minuten lang, was leicht, und was – im Arbeitsleben und auch privat – schwierig im Zusammenhang mit Lob und Anerkennung ist.

Feedback (3): Konstruktiv Kritik äußern

Niemand liebt es, kritisiert zu werden. Dennoch ist konstruktive Kritik eine Chance zum Lernen. Einen richtigen Beschluss zu fassen, ist das Resultat von Erfahrung. Erfahrung ist ein Resultat davon, Fehler gemacht zu haben.

▶ **Tipps für konstruktive Kritik**

■ **Erkennen Sie die gute Absicht an**
Nur wenige Menschen machen etwas mit Absicht falsch. Auch wenn alles schief gelaufen ist, war es doch oft gut gemeint. Erkennen Sie deshalb die gute Absicht an. Das nimmt der Kritik die Schärfe.

■ **Werden Sie sich über Ihre eigenen Motive klar**
Bevor sie Ihrem Ärger Luft machen, werden Sie sich über Ihre eigenen Motive klar: „Warum verspüre ich jetzt einen Drang zum Kritisieren? Was will ich mit meiner Kritik erreichen?" Der einzige legitime Grund zum Kritisieren ist der Wunsch nach besseren Leistungen oder einer Änderung von Verhaltensweisen. Unredliche Motive zum Kritisieren sind Neid, Eifersucht, Minderwertigkeitskomplexe, Übertragung von früheren Erfahrungen auf die jetzige Situation und Projizierung von eigener Unzufriedenheit mit sich selbst auf andere.

■ **Sagen Sie, was Sie mit Ihrer Kritik erreichen wollen**
Sagen Sie, was Sie mit Ihrer Kritik erreichen wollen. Sagen Sie es auf eine faire Weise.

■ **Seien sie konkret, spontan und direkt**
Sagen Sie konkret, was Sie am Verhalten des anderen stört. Wählen Sie den richtigen Zeitpunkt für Ihre Kritik. Oft ist der Zeitpunkt unmittelbar nach der kritikwürdigen Handlung. Manchmal ist es jedoch besser, erst einmal eine Nacht darüber zu schlafen. Reden Sie Klartext. Doch wenn alles gesagt ist, setzen Sie einen Schlussstrich unter das, was war.

■ **Akzeptieren Sie, dass Feedback gegenseitig ist**
Geben Sie Ihrem Gegenüber die Chance, sich zu Ihren Vorwürfen zu äußern. Vielleicht haben Sie mit Ihrem Verhalten zu der kritischen Situation beigetragen? Akzeptieren Sie, dass Feedback gegenseitig ist. Hören Sie ruhig zu, ohne zu unterbrechen. Stellen Sie einen Sachverhalt richtig, aber verzichten Sie darauf, sich zu rechtfertigen.

■ **Bestätigen und loben Sie, wenn eine Veränderung stattgefunden hat**
Teilen Sie es der kritisierten Person mit, wenn Sie bemerkt haben, dass eine Veränderung zum Positiven stattgefunden hat. Seien Sie großzügig mit positivem Feedback.

■ **Drohen Sie mit negativen Konsequenzen, wenn keine Veränderung in Sicht ist**
Falls die kritisierte Person nicht bereit ist, ihr kritikwürdiges Verhalten zu ändern, drohen Sie mit negativen Konsequenzen – und stellen Sie sich darauf ein, Ihre Drohung in die Tat umzusetzen. Ansonsten schwächen Sie Ihre Autorität.

Feedback (4): Kritik entgegennehmen

Eine selbstbewusste Art und Weise, Kritik aufzunehmen, ist:

- Kritik entgegennehmen, ohne den anderen zu unterbrechen.
- Unterscheiden zwischen sach- und personenbezogener Kritik.
- Genau zuhören, was der andere tatsächlich sagt, und nicht spekulieren, wie das möglicherweise gemeint sein könnte.
- Um eine nähere Erklärung bitten, wenn etwas vom Sachverhalt her nicht verstanden wird.
- Unterscheiden zwischen berechtigter, teilweise berechtigter und unberechtigter Kritik.
- Fragen stellen.
- Fehler einräumen.
- Änderung versprechen.

Die Kritik ist unberechtigt, wenn der Betreffende nicht für die Fehler verantwortlich ist oder wenn für die Kritik andere Motive zu Grunde liegen als die offiziell geäußerten. Unberechtigte Kritik ist objektiv falsch oder übertrieben. Sie hat als einzige Zielsetzung, den Empfänger zu kränken, zu beleidigen, zu erniedrigen oder lächerlich zu machen. Unberechtigte Kritik kommt oft von unsicheren Menschen, die auf ihre eigene Vortrefflichkeit hinweisen, indem sie andere erniedrigen.

Konfliktlösung (1): Meinungsverschiedenheiten beilegen

Jeder Mensch ist einzigartig. Damit sind Meinungsverschiedenheiten vorprogrammiert. Hier werden fünf Vorgehensweisen vorgestellt, um trotz unterschiedlicher Sichtweisen zu einer Entscheidung zu kommen.

Das hierarchische Modell: Der Vorgesetzte entscheidet allein

In einer hierarchischen Organisation entscheidet der Vorgesetzte allein. Der Vorteil dabei ist, dass es sehr schnell geht, einen Beschluss zu fassen. Der Nachteil ist jedoch, dass die Mitarbeiter sich übergangen fühlen und die Umsetzung der Entscheidung nach besten Kräften verzögern oder gar verhindern.

Eine kreative Pause einlegen

Bei komplexen Problemen kann es sinnvoll sein, die endgültige Entscheidung bis zur nächsten Besprechung zu vertagen. Aufgeschoben ist nicht aufgehoben. Die kreative Pause gibt Gelegenheit zum Nachdenken. Vielleicht ist es auch notwendig, noch mehr Information einzuholen, um sich einen besseren Überblick zu verschaffen. Eine wohl überlegte Entscheidung ist besser als ein überstürzter Beschluss, der bald darauf wieder revidiert wird.

Einen Kompromiss schließen

Bei einem Kompromiss rückt jeder ein bisschen von seiner Position ab und kommt dem anderen auf halbem Weg entgegen. Der Vorteil eines Kompromisses ist, dass jeder das Gefühl hat, sowohl zu geben als auch zu nehmen. Der Nachteil besteht jedoch darin, dass zum Schluss niemand so richtig zufrieden ist. Um des lieben Friedens willen wird eine schlechte Lösung gewählt.

Die Abstimmung

Die Mehrheit siegt durch Handaufzeigen oder eine geheime Abstimmung. Der Vorteil dabei ist, dass es sich hierbei um eine demokratische Lösung handelt, die von allen respektiert wird. Der Nachteil ist jedoch, dass ein solches Vorgehen Sieger und Verlierer schafft. Besonders bei knappen Abstimmungen besteht die Gefahr, dass die unterlegene Partei negative Gefühle entwickelt, sich apathisch zurückzieht oder heimlich Widerstand leistet.

Vorteile und Nachteile gegeneinander abwägen

Bei Meinungsverschiedenheiten ist es oft eine Prestigefrage, Recht zu bekommen. Die Befürchtung, das Gesicht zu verlieren, lässt jeden verbissen seinen Standpunkt verteidigen, obwohl sich vielleicht schon insgeheim die ersten Zweifel regen. Für viele ist es ein Zeichen von Schwäche nachzugeben oder die Meinung zu ändern.

In einer solchen festgefahrenen Situation gewinnt oft derjenige, der die höchste Position im Unternehmen hat oder rhetorisch am besten geschult ist. Das ist nicht unbedingt derjenige, der die beste Lösung vorschlägt.

Anstatt sich verbissen zu bekämpfen, listen die Teilnehmer zunächst alle Vorteile von Lösung A auf. Danach konzentrieren sich alle auf potenzielle Nachteile, Risiken und Gefahren im Falle einer Realisierung von Vorschlag A. In einer dritten Runde überlegen Sie gemeinsam, was Sie tun können, damit die befürchteten Nachteile nicht wirklich eintreffen, und überlegen, ob es noch bessere Alternativen gibt. Nach dem gleichen Muster wägen Sie die Vor- und Nachteile von Lösung B gegeneinander ab. Erst dann kommen Sie zu einer Entscheidung. Diese Vorgehensweise basiert auf der Methode „Die sechs Hüte des Denkens" von Edward de Bono. (siehe www.edwdebono.com und Literaturverzeichnis)

Konfliktlösung (2): Die Perspektive wechseln

Viele Konflikte beruhen auf Missverständnissen auf Grund unklarer Kommunikation. Die Streitenden sprechen aneinander vorbei. Eine Methode, um Klarheit zu schaffen, besteht darin, dass Person A den Standpunkt von Person B zu dessen voller Zufriedenheit darstellt und umgekehrt. Der Wechsel der Perspektive trägt dazu bei, dass die Kontrahenten sich mental bewegen und Verständnis für die Sichtweise des anderen aufbringen. Diese Vorgehensweise eignet sich sowohl für ein Zweiergespräch als auch für die Konfliktlösung in einer Gruppe.

Zweiergespräch

Zwei Personen sprechen miteinander über ein Problem, über dessen Lösung sie unterschiedliche Meinungen haben. Person A stellt den Standpunkt von Person B dar und umgekehrt.

Gruppengespräch

Ein Team, das sich nicht auf eine bestimmte Lösung einigen kann, teilt die Teilnehmer in zwei Gruppen ein. Gruppe übernimmt den Part „pro" und nennt nur die positiven Seiten des Vorschlags. Gruppe A ist „kontra" und zeigt nur die negativen Seiten auf.

Konfliktlösung (3): Zum Kern der Sache vordringen

Sinn und Zweck dieser Methode ist es, das Problem exakt zu definieren. Zu unterscheiden, was das Problem darstellt und was nicht, bedeutet schon den ersten Schritt zur Lösung.

Die Teilnehmer einer Besprechung oder eines Seminars machen ein Brainstorming zu unterschiedlichen Problemdefinitionen, bis Sie zum Kern des Problems vordringen.

Beispiel „Überstunden":

Wie rechnen wir die Überstunden ab?
Warum machen einige Mitarbeiter Überstunden und andere nicht?
Wie erhöhen wir unsere Arbeitsproduktivität, um Überstunden zu vermeiden?
Wie verbessern wir unsere Projektplanung, um Überstunden zu vermeiden?
Wie nutzen wir die normale Arbeitszeit besser aus?
Wer bestimmt, wer wann und warum Überstunden macht?
Wie viele Überstunden brauchen wir? (ständiges Problem oder nur zeitweilig?)
Welche Regelungen gelten für Überstunden?
Was motiviert den Einzelnen, Überstunden zu machen?

Nachdem die Gruppe sich darauf geeinigt hat, worin das eigentliche Problem besteht, fokussiert sie auf diesen Teilaspekt und sucht gemeinsam nach Lösungen.

Konfliktlösung (4): Verdrängungsstrategien durchschauen

Man kann Konflikte nur lösen, wenn sie – möglichst rechtzeitig – erkannt werden. Viele Menschen ziehen es vor, Konflikte „unter den Teppich zu kehren", anstatt sie zu lösen. Sie machen sich etwas vor. „Wir sind alle eine glückliche Familie". „Wir haben das im Griff". Verdrängungsstrategien folgen den Gesetzen von Vulkanen: Der Konflikt schwelt unter der Oberfläche und kommt schließlich explosionsartig zum Ausbruch.

Die folgende Liste über Konfliktsymptome dient als Ausgangspunkt für eine offene Diskussion:

■ Welche Vermeidungsstrategien benutzen Sie in Ihrem Unternehmen?
■ Welche Konsequenzen hat das?
■ Welche Alternativen gibt es?
■ Welche Verhaltensweisen wollen Sie ändern?

Arbeitssucht

Symptome: Hektik, von einem Termin zum anderen rasen, ständig beschäftigt sein, es immer eilig haben, vertraulichen Gesprächen ausweichen.

Dies ist eine Strategie, um Probleme auf der zwischenmenschlichen Ebene zu verdrängen. Ein Spielchen für Chefs, die ihre Mitarbeiter auf Abstand halten wollen (Ich habe keine Zeit), und für Ehemänner, die der Aussprache mit ihren Frauen aus dem Wege gehen wollen (Ich bin müde von der Arbeit).

Rationalisierung von Gefühlen

Symptome: Die wirkliche Ursache eines Problems (zum Beispiel verletzte Gefühle) wird verleugnet. Stattdessen schiebt der Verletzte scheinbar rationale Argumente vor: „Ich habe leider keine Zeit" heißt in Wirklichkeit: „Ich verweigere die Zusammenarbeit, weil ich mich übergangen, verletzt, unterschätzt, missachtet usw. fühle."

Dies ist ein Spiel für alle, die glauben, jede Situation beherrschen zu müssen und die eigene Verletzbarkeit nicht eingestehen zu dürfen. Die Folge sind Missverständnisse über die eigentlichen Motive einer abweisenden Haltung. Das Problem bleibt bestehen. Da das Opfer einer ungerechten Behandlung sich scheut, eigenen Wünschen und Bedürfnissen Ausdruck zu verleihen (Beispiel: „Ich will mit Respekt behandelt werden."), trägt es selbst dazu bei, den unbefriedigenden Zustand zu verlängern.

Sachzwänge und Normen

Symptome: Die Angst davor, selbst eine Entscheidung zu treffen und Verantwortung für die Folgen zu übernehmen, wird mit dem Hinweis auf höhere Instanzen, Sachzwänge, Normen und Vorschriften verklausuliert: „Persönlich würde ich schon gerne, aber wir haben hier unsere Vorschriften." „Man tut/tut nicht." „Es gehört sich/gehört sich nicht."

Dies ist eine Strategie für alle, die sich persönlich distanzieren und die Verantwortung von sich schieben.

Probleme verleugnen

Symptome: Durch Bagatellisieren und Idyllisieren die Fassade aufrecht zu erhalten: „Wir sind alle eine glückliche Familie." Es kann nicht sein, was nicht sein darf. Vogel-Strauß-Politik: Den Kopf in den Sand stecken.

Die Mächtigen benutzen diese Strategie, um Mitarbeiter zu manipulieren: Wenn sich alle per Dekret wohlfühlen, dann wird derjenige, der auf ein Problem aufmerksam macht, selbst zum Problem. Der norwegische Dichter Ibsen hat diesen Prozess in seinem Theaterstück *Ein Volksfeind* wunderschön beschrieben.

Beißende Ironie

Symptome: Bissige Witze reißen, andere verunsichern und verspotten, kränken, bewusst die schwachen Punkte des Partners angreifen.

Ironie und Spott sind Strategien, um sich – auf Kosten eines anderen – über Konflikte hinwegzusetzen. Das Opfer hat keine Chance zu gewinnen: Wehrt es sich, versteht es keinen Spaß. Wehrt es sich nicht, setzt die Belästigung sich fort. Dabei ist der Angreifer in der Regel selbst verunsichert. Er will ein Gefühl der Überlegenheit erzielen, indem er andere erniedrigt. Menschen mit einem gesunden Selbstvertrauen haben kein Bedürfnis, andere zu verletzen.

Flucht in die Krankheit

Symptome: Magengeschwür, Kopfschmerzen/Migräne, Herzinfarkt, Kieferverspannung, Rücken- und Nackenschmerzen, Depression, ständige Müdigkeit usw.

Wer alles in sich hineinfrisst, läuft Gefahr, psychisch und physisch krank zu werden. Auch negative Gefühle brauchen ein Ventil. Besser, sich alles von der Seele zu reden, als falschen Stolz zu demonstrieren: „Das macht mir gar nichts aus!"

In die Defensive gehen

Symptome: Sündenböcke suchen, Misserfolge auf die äußeren Umstände schieben, bestreiten, verbergen, tausend Entschuldigungen finden.

Dies ist eine Strategie, die Fehler nicht einzugestehen. Nur starke Menschen geben Schwächen zu.

Rückzug

Symptome: Sich zurückziehen, selbst auferlegte Isolation, passiv, apathisch, pessimistische Lebenseinstellung: Es hat alles keinen Zweck, Selbstpensionierung, innere Kündigung.

Dies ist eine beliebte Strategie für Menschen mit mangelndem Selbstvertrauen. Niederlagen gehören zum Leben ebenso wie der Erfolg. Geben Sie nicht gleich auf. Versuchen Sie es noch einmal.

Projektion

Symptome: Andere ständig kritisieren, die Unzufriedenheit mit sich selbst auf andere schieben, die Gefühle aus früheren Situationen in das Hier und Jetzt übertragen.
Selbst Macht gewinnen, indem man die Nähe von Menschen mit Macht sucht. Eigene Schwächen durch übertriebene Verehrung von hochgestellten Persönlichkeiten kompensieren.

Projektion ist ein weitgehend unbewusster Vorgang. Die Herausforderung besteht darin, sich selbst besser kennen zu lernen und eigene Verhaltensweisen zu durchschauen und zu hinterfragen.

Selbstdestruktion

Symptome: Alkoholmissbrauch, Drogenabhängigkeit, Tablettensucht, Selbstverachtung, Selbstzerstörung, übermäßiger Zigarettenkonsum, Geschwindigkeitsrausch, sich bewusst körperlichen Risiken aussetzen.

Diese Strategie ist der Anfang vom Ende. Besonders Menschen, die ihrem Leben keinen Sinn abgewinnen, sind in der Gefahrenzone. Sie brauchen dringend Hilfe. Tun Sie etwas, um Ihr Selbstvertrauen zu stärken.

5 Wie erreichen wir gemeinsam unsere Ziele? Methoden zur Team- und Projektarbeit

Spielregeln festlegen: Die Gegenteil-Methode

Sinn und Zweck dieser Methode ist es, Konflikte zu vermeiden, indem das Team Spielregeln für die Zusammenarbeit festlegt. Mit Hilfe der Gegenteil-Methode offenbart der Teamleiter, was alles schief laufen kann. Anstatt zu belehren, versucht er es mit Humor und fragt die Teilnehmer zu Beginn einer Besprechung oder eines Seminars:

„Ich bitte Sie jetzt um einige kreative Beiträge. Was kann jeder Einzelne dazu beitragen, damit diese Besprechung (dieses Seminar/dieses Projekt) völlig in die Binsen geht?"

Die Teilnehmer überlegen sich destruktive Vorschläge: genau das Gegenteil von gegenseitigem Respekt und allgemeinen Höflichkeitsregeln.

Zum Beispiel:

> Das Handy klingelt.
> Ständig rein- und rauslaufen.
> Nicht mitmachen.
> Während der Sitzung Zeitung lesen.
> Post bearbeiten.
> Permanent zu spät kommen.
> Nicht zuhören.
> Alles kritisieren.
> Einander ins Wort fallen.
> Einschlafen.
> Keine Pausen machen.
> Heimliche Tagesordnung haben (hidden agenda).

Der Besprechungsleiter notiert alle Vorschläge und hängt das Flipchart-Blatt für alle sichtbar an die Wand. Falls im weiteren Verlauf der Sitzung jemand die Spielregeln verletzt, deutet der Leiter auf den entsprechenden Punkt und sagt beispielsweise: „Hier blinkt ein rotes Warnlicht. Sehen Sie, wo?"

Am Ende der Besprechung bewertet der Besprechungsleiter gemeinsam mit den Teilnehmern das Arbeitsklima anhand der Spielregeln, auf die sich anfangs alle geeinigt hatten.

Alternativ übernimmt ein Teilnehmer die Rolle des Beobachters und gibt der Gruppe am Ende der Besprechung Feedback über die Qualität der Zusammenarbeit.

Effiziente Besprechungen

Sinn und Zweck von Besprechungen

Vorteile von effizienten Besprechungen

Effiziente Besprechungen haben folgende Vorteile:

- Optimale **Nutzung der Ressourcen:** Wissen, Erfahrung, Kompetenz, Kontakte und Netzwerke.

- **Schnellere Zielerreichung:** Identifikation mit den gemeinsam erarbeiteten Resultaten, Motivation durch Mitwirkung, schnellere Umsetzung von Entscheidungen.

- **Bessere Qualität der Entscheidungen:** Größerer Ideenreichtum, Synergie, ganzheitliches Denken, Dynamik, mehr Alternativen. Der Dialog von Angesicht zu Angesicht ist die effizienteste Vorgehensweise, um Herausforderungen zu meistern. Ideen anderer weiter zu entwickeln, auf Argumente einzugehen, Einwände zu behandeln und Konflikte zu lösen, ist mündlich leichter als schriftlich.

- **Höhere Produktivität:** Effiziente Besprechungen erhöhen die Gesamtproduktivität im Unternehmen um bis zu 15 Prozent. Das Motto lautet: Mehr erreichen in kürzerer Zeit. Zum einen wird in einer effizienten Besprechung mehr erreicht als in einer schlecht vorbereiteten und schlecht geleiteten. Zum anderen macht eine effiziente Besprechung den Teilnehmern mehr Spaß. Nach Beendigung gehen sie sofort motiviert an die Arbeit. Es entstehen keine Leerzeiten durch Abbau von aufgestauten Frustrationen. Eine gute Besprechungskultur hat zudem einen positiven Einfluss auf die Unternehmenskultur. Es gibt weniger Fehlzeiten wegen Krankheit.

- **Bessere Unternehmenskultur:** Kommunikation, Teamarbeit, Arbeitsmoral, Kreativität, Engagement, motivierte Mitarbeiter (größeres Selbstbewusstsein: mein persönlicher Beitrag ist wichtig für den Gruppenerfolg), Commitment.

- **Höherer Gewinn:** Die Erhöhung der Produktivität und die Verbesserung der Qualität von Problemlösung und Entscheidung resultieren in gesteigerten Gewinnen.

- **Zeitliche Entlastung für den Entscheidungsträger:** Effiziente Besprechungen sind ein Zeitgewinn für den Entscheidungsträger. Die klare Verteilung von Rollen und Aufgaben entlastet ihn.

Planung von Besprechungen

Zur Planung empfiehlt sich eine Mind Map mit folgenden Ästen:

Ziel	Zum Beispiel: Information, Problem lösen, Entscheidung treffen, analysieren, bewerten usw.
Resultate	Welche Ergebnisse sind erwünscht?
Teilnehmer	Wer? Zusammensetzung der Gruppe. Wie viele Teilnehmer?
Tagesordnung	Ja? Was?
	Nein? Warum nicht?
Erwartungen der Teilnehmer	Zu Beginn der Besprechung abfragen, was die Teilnehmer erwarten.
Ort	Wo soll die Besprechung stattfinden? Intern? Extern?
	Wie soll der Raum ausgestattet sein?
Zeit	Von wann bis wann soll die Besprechung dauern?
Prozess	Welche Methoden sollen angewandt werden?
	Welche Form der Mitwirkung ist erwünscht?
	Welche Rollenverteilung (Facilitator, Entscheidungsträger, Schreiber, Teilnehmer)?
	Welche Aufgabenverteilung: Wer macht was? Wann? Wo? Warum?

Rollen- und Aufgabenverteilung

Der Leiter der Besprechung (Facilitator)

Bei mehr als vier Teilnehmern einer Besprechung empfiehlt sich ein Facilitator (externer Trainer, Manager einer anderen Abteilung, interner Personalentwickler). Der Facilitator ist ein Diener der Gruppe und steuert den Prozess. Er agiert wie ein Verkehrspolizist an einer befahrenen Straßenkreuzung, der den Verkehrsstrom der jeweiligen Situation angepasst, geschmeidig leitet – und nicht mechanisch wie eine Ampel.

Zu Beginn der Besprechung stellt sich der Facilitator den Teilnehmern vor und erklärt seine Rolle:

- Er steuert den Prozess und ist verantwortlich für das „Wie". Er ist nicht verantwortlich für das „Was" (Resultat).

- Er bereitet gemeinsam mit dem Entscheidungsträger die Tagesordnung vor. Er sorgt dafür, dass jeder vor Beginn der Besprechung die Tagesordnung erhält.

- Er sorgt dafür, dass das Thema der Besprechung (der Fokus) klar definiert und von allen verstanden wird.

- Er legt gemeinsam mit den Teilnehmern die Spielregeln fest (Umgangsformen miteinander).

- Er stellt die Tagesordnung vor, bittet um Akzeptanz der Teilnehmer oder passt die Tagesordnung flexibel den Wünschen der Teilnehmer an.

- Er stellt die Methoden und Vorgehensweisen vor, mit denen die Probleme gelöst oder die Entscheidungen gefällt werden sollen.

- Er sorgt während der Besprechung dafür, dass die Gruppe den Fokus behält (nicht vom Thema abschweift) und dass alle zur gleichen Zeit auf dem gleichen Stand (in der gleichen Phase im Entscheidungsprozess) sind.

- Er erteilt den Teilnehmern das Wort und steuert den Strom der Wortmeldungen. Dabei achtet er darauf, dass alle zu Wort kommen und niemand dominiert.

- Er ist neutral (bewertet nicht die Aussagen der Teilnehmer mit „gut", „schlecht", „überflüssig"). Er hält seine persönliche Meinung zurück. Wenn er dennoch seine eigenen Ideen einbringen will, bittet er die Gruppe um Erlaubnis. Er schließt mit den Teilnehmern einen „Nicht-Manipulations-Pakt". Bei Nichteinhaltung haben die Teilnehmer das Recht, den Facilitator abzuberufen und eine neue Person für diese Rolle zu benennen.

- Er schafft eine gute Arbeitsatmosphäre, geprägt von Offenheit und gegenseitigem Vertrauen. Er schützt die Teilnehmer vor Angriffen auf die Person dem oder Lächerlichmachen.

- Er beendet die Besprechung mit der Frage: Was ist der nächste Schritt? Er sorgt dafür, dass jeder weiß, was von ihm erwartet wird.

Die Steuerung des Prozesses durch einen Facilitator hat den Vorteil, dass die Teilnehmer sich besser auf den Inhalt der Besprechung konzentrieren können (besser zuhören, was andere sagen; weniger Stress empfinden, wenn sie selber etwas sagen wollen; sie brauchen weniger um Aufmerksamkeit zu kämpfen).

Der Entscheidungsträger (Manager, Vorgesetzte, Ranghöchste)

Der Chef sollte eine Besprechung nicht persönlich leiten – besonders dann nicht, wenn er eine konkrete Vorstellung des erwünschten Resultats hat. Je mehr sich jemand für eine Sache engagiert, desto schwieriger ist es, eine Besprechung objektiv zu leiten. Die Gefahr ist groß, dass er – bewusst oder unbewusst durch seine Körpersprache – die Teilnehmer beeinflusst. Dadurch gehen ihm wertvolle Informationen und neue Ideen verloren. Er nutzt nicht die vorhandenen Ressourcen.

Die Rolle des Entscheidungsträgers in einer Besprechung ist:

- Er bestimmt die Notwendigkeit einer Besprechung, Zeit, Ort und Tagesordnung (gemeinsam mit dem Facilitator).

- Er erläutert zu Beginn der Besprechung den internen Handlungsspielraum (Budget, Zeitrahmen, Vorgaben des Top-Managements) und die externen Rahmenbedingungen (Gesetze, Vorschriften, globale Einflussfaktoren, technologische Trends und andere Grenzen der Handlungsfreiheit). Wenn das Ziel nicht innerhalb der genannten Frist erreicht ist, entscheidet er allein.

- Er unterstützt den Facilitator, den Fokus der Teilnehmer auf der vereinbarten Tagesordnung zu halten.

- Er stimuliert eine win-win-Lösung. Falls kein Konsens gefunden wird, entscheidet er allein.

- Er behält Macht und Verantwortung und verkündet nach der Besprechung die getroffene Entscheidung im gesamten Unternehmen oder in den Medien.

- Im Übrigen ist er ein normaler Teilnehmer, der aktiv an der Diskussion teilnimmt, für seine Ideen kämpft, seinen Gefühlen Ausdruck verleiht und offen für die Ideen anderer ist.

Der Vorteil einer Aufgabenteilung zwischen Entscheidungsträger und Facilitator besteht darin, dass der Entscheidungsträger mehr Informationen über die Denkweise der Teilnehmer erhält und das Wissen und die Erfahrung der Teilnehmer besser nutzt. Die Teilnehmer identifizieren sich mehr mit der getroffenen Entscheidung. Die Umsetzung erfolgt schneller.

Der Schreiber

Der Schreiber fungiert als „Gruppengedächtnis" und hat folgende Aufgaben:

- Er ist ein neutraler Diener der Gruppe. Er schreibt in Stichpunkten die Aussagen der Teilnehmer (Flipchart, interaktive Tafel) möglichst im Wortlaut auf und unterlässt eigene Interpretationen. Er verzichtet darauf, seine eigene Meinung kund zu tun und enthält sich jeglicher bewertender Kommentare wie „gut", „schlecht", „miserabel" usw.

- Er schreibt die Ideen ohne Namen des Urhebers auf. Damit werden Ideen einer Einzelperson zu Ideen der gesamten Gruppe. Die Trennung von Idee und Person erleichtert die Akzeptanz der Vorschläge.

- Er schreibt deutlich, am besten mit Druckbuchstaben und wechselt zur Erhöhung der Lesefreundlichkeit die Farben (zum Beispiel abwechselnd Blau und Schwarz).

- Er betont wichtige Entscheidungen durch Unterstreichen mit einer anderen Farbe oder Markieren mit Sternchen.

- Er achtet darauf, dass Aufgaben genau definiert, die Verantwortlichen mit Namen benannt und Datum und Fristen schriftlich festgehalten werden.

- Die Rolle des Schreibers rotiert, das heißt, jeder Teilnehmer kommt an die Reihe. Eventuell schreibt ein externer Assistent.

Der Vorteil einer Rollentrennung zwischen Facilitator und Schreiber besteht darin, dass sich der Facilitator völlig der Steuerung des Prozesses widmen kann. Die Teilnehmer können sich besser auf die Diskussion konzentrieren. Was notiert ist, bleibt im Gedächtnis. Der Blick bleibt frei für neue Ideen.

Checkliste zur Bewertung einer Besprechung

Fragen zu Inhalt und Resultaten: Was?

- Was wurde erreicht?
- Welches Resultat wurde erzielt?
- Welche Probleme wurden gelöst?
- Welche Entscheidungen wurden getroffen?

Fragen zum Prozess: Wie?

- Wie war die Qualität der Lösung? (innovativ?, traditionell?)

▶ **CHECKLISTE 1: Wie gut haben die Akteure der Besprechung ihre Rolle gespielt?**

Bitte bewerten Sie mit dem Schulnotensystem von 1 (sehr gut) bis 6 (ungenügend).

(1) Bewertung Facilitator	Note
Hat der Facilitator den Teilnehmern seine Rolle verständlich erklärt?	
Hat jeder rechtzeitig vor Beginn der Besprechung die Tagesordnung erhalten?	
Hat der Facilitator es den Teilnehmern ermöglicht, Einfluss auf die Tagesordnung zu nehmen?	
Hat der Facilitator den Fokus (das Thema, das Problem, die Aufgabe) klar und deutlich definiert?	
Hat der Facilitator zu Beginn der Besprechung den Prozess beziehungsweise die anzuwendenden Methoden erklärt und begründet?	
Hat der Facilitator gemeinsam mit den Teilnehmern die Spielregeln festgelegt?	
Hat der Facilitator während der Diskussion den Fokus gehalten?	
Hat der Facilitator dafür gesorgt, dass alle zur gleichen Zeit den gleichen Fokus haben (Thema, Methode, Phase im Entscheidungsprozess)?	
Wie gut ist es dem Facilitator gelungen, die Gruppe zu einer einvernehmlichen Lösung zu führen (win-win-Lösung)?	
Hat der Facilitator eine positive Arbeitsatmosphäre geschaffen?	
Ist jeder Teilnehmer zu Wort gekommen? Wurden Wissen und Erfahrung der Anwesenden voll genutzt?	
Hat der Facilitator erfolgreich verhindert, dass ein einzelner Teilnehmer das gesamte Meeting dominiert?	
Hat der Facilitator die Teilnehmer vor Verunglimpfungen, Lächerlichmachen und Angriffen auf die Person geschützt?	
Wie hat der Facilitator reagiert, wenn er selbst von einem Teilnehmer angegriffen wurde?	
Ist der Facilitator stets objektiv und neutral geblieben?	
Hat er sich einer Bewertung der Ideen/Aussagen der Teilnehmer enthalten?	
Hat er seine eigenen Ideen zurückgehalten oder die Gruppe zunächst um Erlaubnis gefragt, inhaltlich selbst etwas beizutragen?	
Hat der Facilitator seine Rolle als „Diener der Gruppe" wahrgenommen? Ideal: 85 Prozent der Zeit die Teilnehmer sprechen lassen, keine Selbstdarstellung.	
Hat der Facilitator dafür gesorgt, dass der Ranghöchste (Manager, Vorsitzende) die Besprechung nicht dominiert?	
Wie effizient ist der Facilitator mit schwierigen Teilnehmern/negativen Verhaltensweisen umgegangen?	
Inwiefern ist es dem Facilitator gelungen, bei inhaltlichen Meinungsunterschieden und Konflikten einen Konsens zu finden?	

▶ **CHECKLISTE 2:**

(2) Bewertung Schreiber („Gruppen-Gedächtnis")	Note
Hat der Schreiber zu Beginn der Besprechung seine Rolle als Diener der Gruppe klar definiert?	
War der Schreiber neutral? Hat er genau das notiert, was die Teilnehmer gesagt haben? (keine eigene Interpretation, keine Manipulation)	
Hat der Schreiber sich eigener Kommentare oder Bewertungen zu den Ideen der Teilnehmer enthalten?	
Hat der Schreiber das Wesentliche aufgefasst und notiert?	
Hat der Schreiber Änderungswünsche der Teilnehmer berücksichtigt, ohne sich zu rechtfertigen? Hat er sich für die Korrekturen bedankt?	
War das Schreibtempo angemessen?	
Hat der Schreiber die Lesefreundlichkeit durch unterschiedliche Farben, Unterstreichungen, Symbole, Bilder, Diagramme erhöht?	
Hat der Schreiber den Facilitator unterstützt?	
Hat der Schreiber die Gruppe dabei unterstützt, die Notizen zu strukturieren?	
Hat der Schreiber das Protokoll angefertigt und den Teilnehmern gesandt?	
War das Referat/Protokoll auch für diejenigen verständlich, die selbst nicht an der Besprechung teilgenommen haben?	

▶ **CHECKLISTE 3:**

(3) Bewertung Entscheidungsträger/Manager/Vorsitzender	Note
Hat der Entscheidungsträger zu Beginn der Besprechung seine Rolle erklärt?	
War die Auswahl der Teilnehmer angemessen?	
Hat der Entscheidungsträger die Teilnehmer zu Beginn der Besprechung über den internen Handlungsspielraum (zum Beispiel Budget oder zeitliche Fristen) und die externen Rahmenbedingungen informiert? (Grenzen setzen)	
Hat der Entscheidungsträger zu einer Win-win-Lösung beigetragen?	
Hat der Entscheidungsträger selbst aktiv an der Diskussion/Entscheidungsfindung teilgenommen?	
War der Entscheidungsträger offen für neue Ideen der Teilnehmer?	
Hat der Entscheidungsträger das gesamte Unternehmen/die Betroffenen über das Resultat der Besprechung informiert?	

Eigenbewertung der Teilnehmer	Note
Sind die Teilnehmer pünktlich zur Besprechung erschienen?	
Wie gut haben sich die Teilnehmer vorbereitet?	
Wie aktiv haben sich die Teilnehmer an der Diskussion beteiligt?	
Wie sorgfältig haben die Teilnehmer registriert, ob Facilitator und Schreiber neutral bleiben?	
Wie offen waren die Teilnehmer?	
Wie kooperativ waren die Teilnehmer zueinander?	
Wie war das Klima während der Besprechung?	
Wie kreativ waren die Teilnehmer?	
Wie verantwortungsbewusst waren die Teilnehmer?	

Mind Mapping

Was ist Mind Mapping?

Mind Mapping ist eine kreative Denk- und Arbeitsmethode, die hilft, die **Gedanken** zu **strukturieren, neue Ideen** zu **entwickeln** und **Gesamtzusammenhänge** besser zu **erkennen.** Mind Mapping ist gehirngerechtes Denken und Arbeiten, indem die spezielle Art des Schreibens sowohl die linke Gehirnhälfte (Logik, Zahlen, Sprache, Details) als auch die rechte Gehirnhälfte (Farben, Bilder, Intuition, Ganzheit) stimuliert. Bekanntlich sind wir am kreativsten, wenn beide Gehirnhälften in Balance sind.

Mind Mapping ist eine grafische Technik zur Erschließung des gesamten Potenzials des Gehirns. Die Mind Map kann in jedem Lebensbereich angewandt werden, in dem Lernen und Denken gefragt sind.

Mind Mapping erhöht die Leistungsfähigkeit des Gehirns. Oder anders ausgedrückt: Das effiziente Speichern von Daten vervielfacht die Kapazität. Man könnte dies mit dem Unterschied zwischen einem systematisch und einem wild durcheinander eingeräumten Lagerhaus vergleichen – oder mit einer Bibliothek mit und ohne Katalogsystem.

Die Methode wurde von dem englischen Psychologen Tony Buzan (siehe www.mindmap.com und Literaturverzeichnis) entwickelt und findet weltweit Anwendung und Anerkennung.

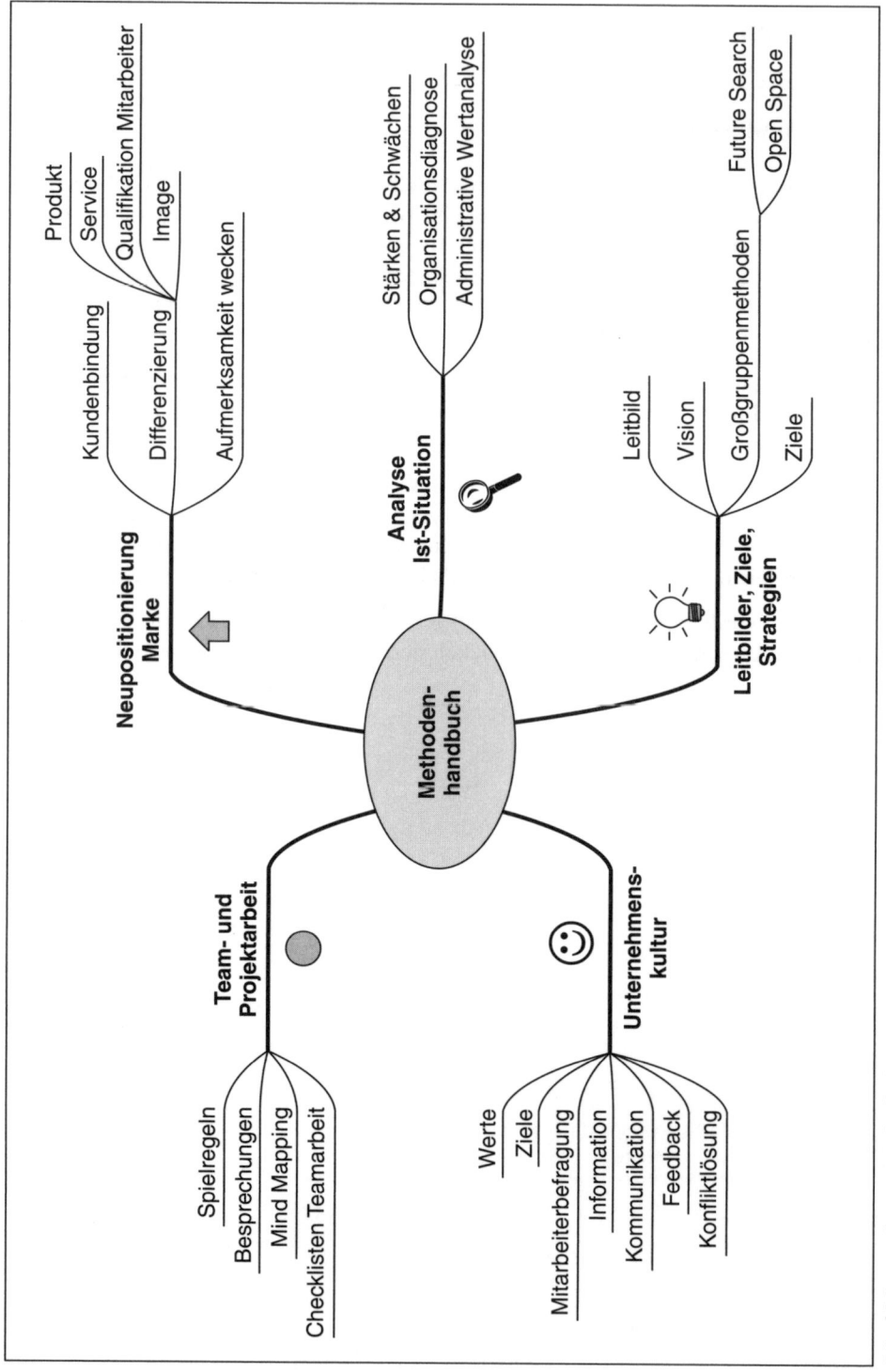

Neupositionierung
Marke

Differenzierung
- Produkt
- Service
- Qualifikation Mitarbeiter
- Image

Kundenbindung

Aufmerksamkeit wecken

Analyse
Ist-Situation
- Stärken & Schwächen
- Organisationsdiagnose
- Administrative Wertanalyse

Leitbilder, Ziele,
Strategien
- Leitbild
- Vision
- Großgruppenmethoden
  - Future Search
  - Open Space
- Ziele

Methoden-
handbuch

Team- und
Projektarbeit
- Spielregeln
- Besprechungen
- Mind Mapping
- Checklisten Teamarbeit

Unternehmens-
kultur
- Werte
- Ziele
- Mitarbeiterbefragung
- Information
- Kommunikation
- Feedback
- Konfliktlösung

Mind Map zu diesem Methodenhandbuch

Anwendungsbereiche für Mind Mapping

Mind Mapping ist universal einsetzbar – zum Beispiel:

- Vorbereiten und Leiten von **Besprechungen und Verhandlungen** samt Erstellung des Protokolls.

- Vorbereiten und Halten von **Vorträgen.**

- Vorbereiten und Strukturieren von **Telefongesprächen.**

- Vorbereiten und Strukturieren von **Interviews** (mit Journalisten oder Einstellungsgespräche).

- Strukturieren des Stoffes für einen **Bericht, einen Artikel oder ein Buch.**

- Persönliches **Zeitmanagement, Planung und Entscheidungsfindung.**

- **Verkauf** (Produktkenntnisse, Kundenorientierung, Kundenprofil).

- **Teamarbeit** (Problemlösung und Analyse in der Gruppe, gemeinsame Entscheidungsfindung).

- Vorbereitung und Durchführung der **Inventur.**

- Erstellen von **Schulungsunterlagen.**

- **Mitarbeitergespräche.**

- **Moderation** von Besprechungen und Konferenzen.

- **Einarbeitung von neuen Mitarbeitern.**

- **Organigramm** erstellen.

- **Präsentationen** in Verbindung mit der Standortsuche (Investoren, Bürgermeister, Regierungspräsident, Landrat, Magistrat).

- **Projekte** vorstellen.

- **Information** sammeln und geben.

- **Seminare** entwickeln, planen und leiten.

- **Lernen.**

- **Probleme lösen.**

- Gelesenen Stoff besser im **Gedächtnis** behalten.

- **Funktionen beschreiben** (Gebrauchsanweisungen).

- **Brainstorming.**

- **Tagesablauf** planen.

Praktische Tipps für das Mind Mapping

So erstellen Sie eine Mind Map:

- Beginnen Sie mit einer kleinen Zeichnung (ungefähr 1,5 cm) in der Mitte eines horizontal liegenden DIN-A3-Blattes. Es symbolisiert das Thema, mit dem Sie arbeiten. Benutzen Sie mindestens drei Farben (zum Beispiel Stabilo Schwan Point 88 Stifte), damit das zentrale Bild ein Blickfang wird. Sie können als Ergänzung auch Worte hinzufügen.

- Vom Zentrum aus gehen dicke, geschwungene Linien (Äste) nach außen.

- Auf die Linien (Äste) schreiben Sie – der besseren Übersicht wegen in Druckbuchstaben – Schlüsselbegriffe (key words), oder Sie arbeiten nur mit Bildern und Symbolen. Die Unterpunkte in Ihrer Disposition schreiben Sie in etwas kleineren Druckbuchstaben auf die Abzweigungen von den dicken Ästen, damit die unterschiedlichen Niveaus (Hauptgedanken und Unterpunkte) visuell sichtbar werden. Benutzen Sie nur ein Wort pro Linie. Die Linie ist genauso lang wie das Wort. Ein Ast hat durchgängig die gleiche Farbe, damit Sie sofort erkennen, welche Gedanken inhaltlich zusammengehören.

- Die Äste bilden eine Gedankenkette (Hauptgedanke und Unterpunkte).

- Finden Sie Ihren individuellen Stil. Sie können Ihre Mind Map durch **Farben, Bilder, Codes und Mehrdimensionalität** noch ansprechender gestalten. Dies fördert die Kreativität und erleichtert den Abruf von Informationen aus dem Gedächtnis.

- Beim **Mind Mapping als Team** gehen Sie wie folgt vor:
  1. Sie definieren das Thema.
  2. Die Einzelpersonen trennen sich, um schnell ihre individuelle Mind Map zu erstellen.
  3. Die Gruppe trifft sich zum Gespräch und tauscht Ideen aus.
  4. Die Gruppe erstellt gemeinsam eine Mind Map.
  5. Inkubations-Phase: Sie machen eine kreative Pause und lassen die Gedanken reifen.
  6. Sie erstellen eine überarbeitete, revidierte gemeinsame Mind Map.
  7. Sie analysieren und treffen Entscheidungen.

Mind Mapping als Team eignet sich vorzüglich zur Erarbeitung einer gemeinsamen Vision oder für längerfristige Projektarbeit. Die aus der gemeinsamen Arbeit entstehenden Mind Maps dienen als Ordnungs- und Berichtssystem. Sie helfen Ihnen, in den zahlreichen Sitzungen Fokus zu bewahren und die Kontinuität zu gewährleisten.

Nutzen von Mind Mapping

Mind Mapping bietet dem Anwender unter anderem folgende Vorteile:

■ Die visuelle Ausdrucksform stärkt das **Gedächtnis.** „Ein Bild sagt mehr als 1000 Worte". Sie erinnern sich leichter an Artikel und Bücher, Vorträge und Gespräche. **Zeitersparnis** beim Wiederholen der Mind Map mehr als 90 Prozent. Sie lesen nicht das gesamte Buch (Bericht, Artikel usw.), sondern nur die Schlüsselbegriffe in Ihrer Mind Map.

■ Bei der Vorbereitung und Durchführung von Besprechungen, Vorträgen und Projektarbeit erzielen Sie durch **Notieren** lediglich der relevanten Wörter eine **Zeitersparnis** von 50 bis 95 Prozent.

■ **Zeitersparnis** durch das **Lesen** lediglich der relevanten Wörter (Bücher, Artikel) mehr als 90 Prozent.

■ Besprechungen und Projektarbeit werden mehr **zielfokussiert.** Sie konzentrieren sich auf die wichtigen Themen.

■ Mind Mapping setzt die Kreativität frei. Mind Mapping regt das Gehirn zum **Assoziieren** an und ist deshalb ein wunderbares Werkzeug, um **neue Ideen** zu entwickeln und mögliche **Konsequenzen** von Entscheidungen vorab zu bewerten. Mind Mapping fördert neue Einsichten und Erkenntnisse und einen unendlichen Strom von neuen Gedanken.

■ Durch die ständige Anregung sowohl der rechten als auch der linken Gehirnhälfte wird das Gehirn zunehmend wacher und aufnahmebereiter. Je mehr Sie lernen, umso leichter fällt es Ihnen, noch mehr zu lernen.

Eliminationsmethode

Die Eliminationsmethode hilft den Teilnehmern einer Besprechung, bei mehreren Alternativen einen Konsens zu finden.

> Angenommen, es gibt drei Alternativen: A, B und C.
> Der Facilitator fragt die Teilnehmer: „Wer kann nicht mit A leben?"
> Drei Teilnehmer heben die Hand.
> Der Facilitator fragt die Teilnehmer: „Wer kann nicht mit B leben?"
> Zwei Teilnehmer heben die Hand.
> Der Facilitator fragt die Teilnehmer: „Wer kann nicht mit C leben?"
> Sechs Teilnehmer heben die Hand.
> Damit scheiden die Lösungen C und A aus.

Im weiteren Verlauf der Besprechung versucht der Facilitator, die Einwände der beiden Teilnehmer gegen die Lösung B zu beheben.

Alle Gegenargumente gegen B werden auf dem Flipchart notiert.

■ Warum sind die beiden Teilnehmer dagegen?

■ Was kann die Gruppe tun, damit die negativen Befürchtungen dieser beiden Teilnehmer nicht eintreffen?

■ Welche Rahmenbedingungen müssen geschaffen werden, damit das Risiko in Grenzen gehalten wird?

■ Wie können die negativen Punkte in positive Möglichkeiten umgewandelt werden?

Fragen und Checklisten für die Teamarbeit

1. Definition der Erfolgskriterien

2. Klärung der gegenseitigen Erwartungen

3. Zielvereinbarungen

4. Zwischenmenschliche Beziehungen

5. Rolle und Stil des Projektleiters

6. Stellenwert des Projektes innerhalb des Unternehmens

7. Beziehungen zur Außenwelt

8. Überwinden von Hindernissen

9. Bewertung der Qualität der Zusammenarbeit

Vorteile von Teamarbeit

▶ **Teams erhöhen die Produktivität**

Ein Team arbeitet schneller als eine Einzelperson oder parallel agierende Gruppen.

Das Unternehmen spart Zeit für spätere Anpassungen und nachträgliches Koordinieren von Einzelentwürfen (zum Beispiel für einen Geschäftsbericht oder eine neue Strategie).

Die effektivere Verteilung der Arbeitsaufgaben erhöht die Schnelligkeit und erlaubt eine größere Flexibilität bei der Aufgabenbewältigung.

Voraussetzung: Die Arbeit im Team wird so verteilt, dass jeder das erledigt, was er am besten kann. Die Teammitglieder teilen ihr Wissen miteinander und unterstützen sich gegenseitig.

▶ **Bessere Kommunikation**

Die Zusammenarbeit im Team verbessert die unternehmensinterne Kommunikation.

Voraussetzung ist, dass Informationen weitergegeben werden: Informationen über Geschehnisse im Team, Informationen von der Unternehmensführung zum Team, aber auch Informationen über Verbesserungsvorschläge von Kunden und Informationen über neue Entwicklungen auf dem jeweiligen Fachgebiet (neue Technologien, Marktentwicklung, neue Gesetze und Vorschriften usw.).

▶ **Synergieeffekte (2 + 2 = 5)**

Erfolgreiche Teams bündeln die geistige Leistung der Teammitglieder, um gemeinsam ein Ziel zu erreichen. Dabei werden Synergien freigesetzt.

Besonders bei komplexen Aufgaben, bei denen Wissen aus unterschiedlichen Fachbereichen gefragt und der Zeitdruck hoch ist, leisten Teams mehr als eine Einzelperson oder eine Gruppe.

Teamarbeit ermöglicht es dem Unternehmen, seine Ressourcen optimal zu nutzen.

Voraussetzung: klare Ziele und gute Zusammenarbeit im Team.

▶ **Bessere Kundenorientierung**

Teams haben eine bessere Kundenorientierung. Die Teammitglieder wissen gemeinsam mehr über ihre eigene Firma und über die Kundenbedürfnisse als ein einzelner Mitarbeiter, der isoliert von anderen seine Arbeit macht.

Voraussetzung: Die Informationen werden weitergegeben und Verbesserungsvorschläge umgesetzt.

▶ **Bessere Qualität von Entscheidungen**

Teams haben gemeinsam mehr Wissen, mehr Ideen und mehr Erfahrung als eine Einzelperson. Dies erhöht die Qualität der Entscheidungen.

Voraussetzung: Teilen von Wissen, gute Zusammenarbeit.

▶ **Bessere Qualität von Produkten und Dienstleistungen**

Teams schaffen eine bessere Qualität von Produkten und Dienstleistungen. Wenn die Mitglieder eines Teams gut zusammenarbeiten, multipliziert sich ihr Wissen. Jeder lernt von jedem. Wissen ist der Schlüssel zur ständigen Verbesserung. Gut funktionierende Teams wirken wie ein Frühwarnsystem. Durch ihre offenen Gespräche und vielen Kontakte zur Außenwelt erkennen sie Änderungen im Kundenverhalten, technische Neuerungen und neue Trends früher und reagieren schneller darauf.

Teams entwickeln Ideen zur Verbesserung von Prozessabläufen intern im Unternehmen. Prozesse wirken funktionsübergreifend. Ein Team kann bei der Optimierung von Prozessen seine Erfahrung aus ganz unterschiedlichen Bereichen einbringen und die Wirkung von Neuerungen testen, bevor sie allgemeinverbindlich eingeführt werden.

Voraussetzungen: Entscheidungsfreiheit und gute Zusammenarbeit im Team.

▶ **Bessere Unternehmenskultur**

Das gemeinsame Engagement für Ziele und Werte motiviert und schafft ein besseres Arbeitsklima.

Verantwortung stärkt das Selbstwertgefühl. Teamarbeit entspricht – insbesondere bei jüngeren Mitarbeitern – dem Bedürfnis nach Selbstverwirklichung, weniger hierarchischen und mehr informellen Arbeitsabläufen.

Voraussetzung: Geteilte Verantwortung und Teilhabe am Erfolg.

▶ **Weiterbildung und Wissensmanagement**

Die Arbeit in Teams ist Weiterbildung „on the job", schafft Erfahrung und stärkt die Kompetenzen der Teammitglieder. Sie erhalten Training in verschiedenen Rollen und Verantwortlichkeiten.

Voraussetzung: Das erworbene Wissen wird geteilt und bleibt im Unternehmen. Objektive Analyse von Misserfolgen, aus Fehlern lernen.

Erfolgskriterien für Teamarbeit

▶ **Fragen zur Definition von Erfolg:**

- Was ist Erfolg?
- Wie messen wir den Erfolg?
- Welche Vergleichszahlen ziehen wir heran?
- In welchen Zeitabschnitten messen wir den Erfolg?
- Wer misst den Erfolg?
- Wie bewerten wir die Leistung der einzelnen Teammitglieder?
- Wie bewerten wir die Leistung des Projektleiters?
- Wer bewertet diese Leistungen?
- Hat der Einzelne die Möglichkeit, zu seiner Bewertung Stellung zu nehmen?
- Inwiefern beeinflusst die gegebene Bewertung die weitere Karriere?
- Wie gewichten und bewerten wir die weichen Faktoren – zum Beispiel:
- Vorgegebene Budgetgrenzen einhalten oder sogar unterschreiten.
- Zeitfristen einhalten oder unterschreiten.
- Neue Ideen, Produkte oder Prozesse entwickeln.
- Gute zwischenmenschlichen Beziehungen aufbauen.
- Das Wissen mehren und aus Fehlern lernen.
- Erfahrung sammeln und sich persönlich weiterentwickeln.
- Wer definiert, was wir als Erfolg bezeichnen?
- Der Vorstand oder Geschäftsführer?
- Der Projektleiter?
- Das Team zusammen mit dem Projektleiter?

▶ **Voraussetzungen für den Erfolg**

- Die oberste Führung unterstützt die Team- und Projektarbeit.

- Die Teamziele sind genauso wichtig wie die persönlichen Ziele. Privates und Dinge, die das Team betreffen, werden strikt voneinander getrennt.

- Jedes Teammitglied versteht das Teamziel und setzt sich für dessen Erreichen ein. Jeder ist bereit, dafür Verantwortung zu übernehmen.

- Das Klima im Team ist angenehm und informell. Jeder fühlt sich befugt, im Rahmen der gemeinsamen Vereinbarungen selbständig zu handeln. Konkurrenz zwischen Teammitgliedern kostet viel Energie, die besser auf die Aufgabenlösung zu richten ist.

- Die Kommunikation geschieht spontan und kollektiv. Die Vielfalt der Meinungen und Ideen ist erwünscht und wird gefördert.

- Respekt, Offenheit und Zusammenarbeit rangieren weit oben. Die Mitglieder suchen eine „Win-win"-Lösung und entwickeln die Ideen der anderen Teammitglieder weiter.

- Vertrauen statt Furcht. Die Mitglieder haben keine Scheu, Risiken einzugehen. Direkter Kontakt und spontane Äußerungen sind die Regel.

- Meinungsverschiedenheiten werden als Möglichkeiten für neue Ideen begrüßt. Das Augenmerk liegt auf der Schaffung einer gemeinsamen Basis.

- Das Team verbessert ständig seine Verfahren, Abläufe und Arbeitsweisen und ist offen für innovative Veränderungen.

- Die Führung im Team rotiert. Jeder kommt zum Zuge. Die Dominanz von starken Einzelpersonen wird nicht geduldet.

- Entscheidungen werden per Konsens getroffen. Dabei wird sichergestellt, dass Akzeptanz und Unterstützung gewährleistet sind.

Die gegenseitigen Erwartungen klären

Was erwartet das Unternehmen vom Team?

- Warum gibt es das Team? Was ist sein Auftrag?
- Was tut das Unternehmen um sicherzustellen, dass das Team seinen Auftrag erfüllt und nicht beginnt, ein Eigenleben zu führen und zum „Staat im Staate" wird?
- Welche Form der Kontrolle soll das Unternehmen gegenüber dem Team ausüben?
- Welche Berichte erwartet das Unternehmen vom Team und wann?
- Welchen Handlungsspielraum gewährt das Unternehmen dem Team?

Was erwartet das Team vom Unternehmen?

- Welche Bereitstellung von Ressourcen (finanzielle Mittel, Menschen, Information, Wissen) erwartet das Team vom Unternehmen?
- Welche Form der Unterstützung braucht das Team?
- Wie vermeidet es Zielkonflikte zwischen der Arbeit in der Linienorganisation und den Verpflichtungen im Projekt?
- Welche Form der Belohnung erwarten die Teammitglieder von der Geschäftsführung?
- Was bedeutet die Mitarbeit im Team für die eigene Karriere?

Die Erwartungen der Teammitglieder zueinander

- Was erwarten die Teammitglieder voneinander?
- Wer gibt wem welche Information?
- Wer bestimmt, wer was macht?
- Wer sorgt für eine klare Abgrenzung von Aufgaben und Kompetenzen?
- Wie gehen wir bei Meinungsverschiedenheiten vor?
- Wie lösen wir Konflikte?
- Wer entscheidet über den Einsatz von Ressourcen?
- Wer setzt die Zeitfristen fest?

Die Erwartungen des Teams an den Teamleiter

- Was erwartet das Team vom Projektleiter?
- Welche Information wünscht das Team vom Projektleiter?
- Welche Form von Feedback erwartet das Team?
- Wann und wie oft soll der Projektleiter zeitlich verfügbar sein?

Die Erwartungen des Projektleiters an das Team

- Was erwartet der Projektleiter vom Team?
- Welche Information braucht der Projektleiter vom Team?
- Welche Anforderung stellt der Projektleiter an die Einsatzbereitschaft des Teams?
- Welche Anforderung stellt der Projektleiter an die Zuverlässigkeit und Loyalität der Teammitglieder?

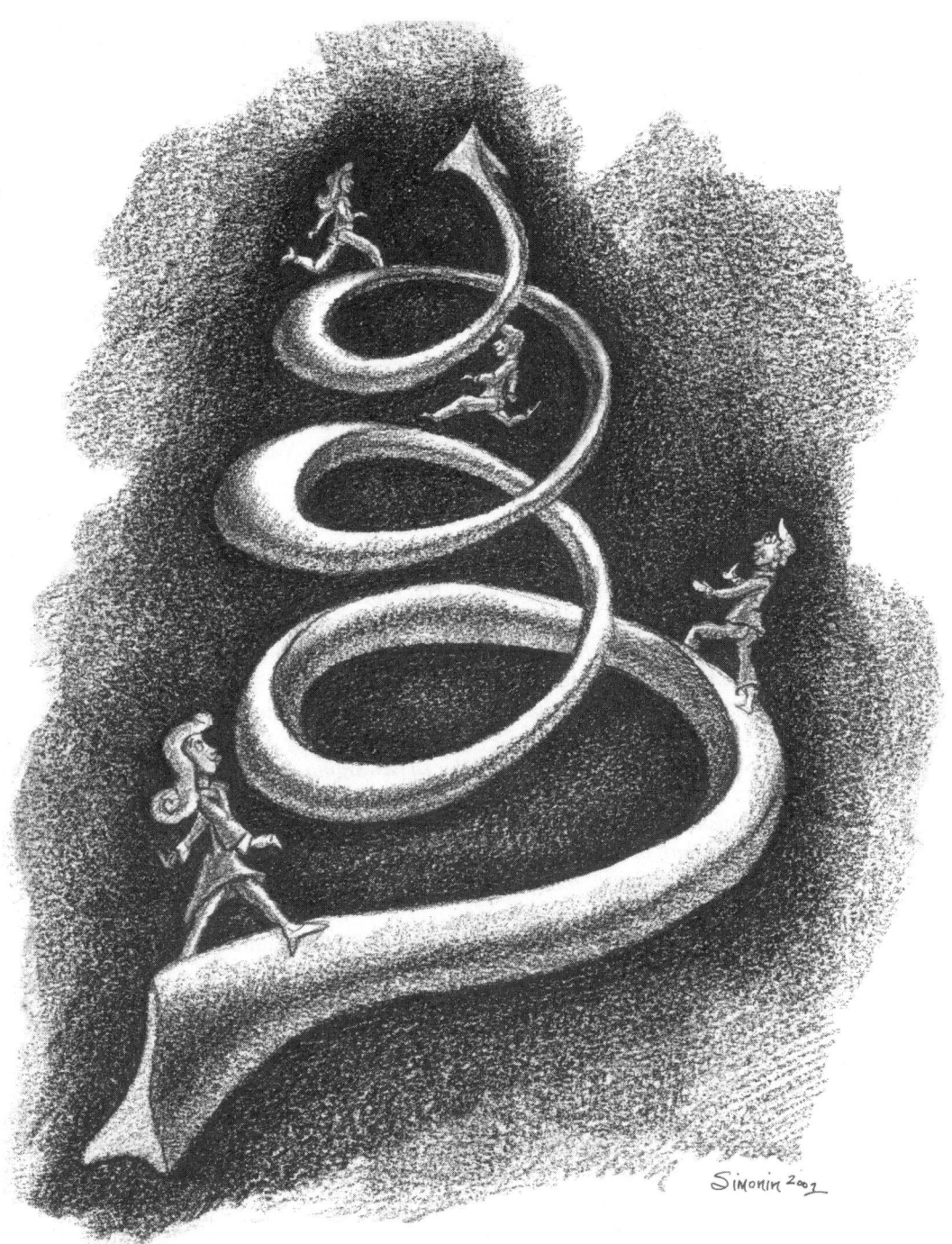

Literaturverzeichnis

Adizes, Ichak: *How to Solve Mismanagement Crisis,* Dow John Irwin, Los Angeles 1980

Adizes, Ichak: *Corporate Lifecycles – The Theory of How and Why Corporations Grow and Die and What To Do About it,* The Adizes Institute, 1987

Argyris, Chris: *Knowledge for Action: A Guide to Overcoming Barriers to Organizational Change,* Jossey-Bass, Inc. San Francisco, CA 1993

Bono, Edward de: *Lateral Thinking for Management,* McGraw-Hill, England 1971

Bono, Edward de: *Six Thinking Hats,* Key Porter Books, USA 1985

Bono, Edward de: *Tactics,* William Collins, Great Britain 1985

Bono, Edward de: *SUR/PETITION,* Harper Business, New York 1992

Bono, Edward de: *Serious Creativity,* Schäffer-Poeschel, Stuttgart 1996

Buckingham, Marcus/Coffman, Curt: *First, Break All the Rules,* Simon & Schuster, New York 1999

Buzan, Tony: *The Mind Map Book,* BBC, London 1993

Carnegie, Dale: *Wie man Freunde gewinnt – Die Kunst, beliebt und einflussreich zu werden* (erste Ausgabe 1936), Scherz Verlag, Bern und München 1984

Carnegie, Dale: *Sorge dich nicht – lebe. Die Kunst, zu einem von Ängsten und Aufregungen befreiten Leben zu finden* (erste Auflage 1944), Scherz Verlag, Bern und München 1984

Carnegie, Dale: *Rede – interessieren, begeistern, überzeugen* (erste Auflage 1962), Verlag Lebendiges Wort, Grünberg 1983

Chowdhury, Subir: *You Can Get to the Power of Six Sigma,* Prentice Hall, Harlow, England, 2001

Evans, Roger/Russell, Peter: *The Creative Manager,* Unwin Paperbacks, London 1989

Fritz, Robert: *The Path of Least Resistance,* Fawcett Columbine, New York 1989

Goleman, Daniel: *Emotional Intelligence. Why it can matter more than IQ,* Bantam Books, New York 1995

Gordon, Thomas: *Leader Effectiveness Training L.E.T.,* Jubiläumsausgabe zum 25. Geburtstag, 2002

Hagemann, Gisela: *The Motivation Manual,* Gower, Aldershot 1992

Hagemann, Gisela: *Motivating Teams,* in *Gower Handbook of Teamworking,* Gower, Aldershot 1999

Hagemann, Gisela: *Die Hohe Schule der Führung,* verlag moderne industrie, Landsberg 1992

Hagemann, Gisela: *Å vinne fremtiden,* Universitetsforlaget, Oslo, Norwegen, 1997

Hamel, Gary: *Das revolutionäre Unternehmen – Wer Regeln bricht gewinnt,* Econ Verlag, München, 2001

Kotler, Philip/Blom, Svein-Erik: *Marketing Management,* Prentice-Hall International, UK 1991

Laborde, Genie Z.: *Influencing with Integrity,* Syntony Publishing, Palo Alto 1984

Leeds, Dorothy: *Smart Questions for Successful Managers,* Piatkus, London 1988

Maslow, A. H.: *Motivation and Personality,* Harper & Row, New York 1970

Owen, Harrison: *Open Space Technology: A User's Guide,* Berrett-Koehler, San Francisco, CA 1992

Owen, Harrison: *Tales From Open Space,* Abbott Publishing, Potomac, MD 1995

Parker, Marjorie: *Creating Shared Vision,* Dialog International Ltd., Clarendon Hills, Ill 1990

Sanders, Bersy: *Fabled Service,* Pfeiffer & Company, San Diego 1995

Senge, Peter M.: *The Fifth Discipline: The Art & Practice of The Learning Organization,* Doubleday, New York 1990

Sher, Barbara/Gottlieb, Annie: *Teamworks! Building Support Groups that Guarantee Success,* Warner Books, New York 1989

Smith, Manuel: *When I Say No, I Feel Guilty,* Bantam Books, London 1981

Spencer, Sabina A./Adams, John: *Life Changes – Growing Together Through Personal Transition,* Impact Publishers, California 1990

Tracy, Brian, *Advanced Selling Strategies,* Simon & Schuster, New York 1995

Veenema, Hilger: *Sofort mehr Umsatz mit Stammkunden,* Verlag Norbert Müller

Weisbord, Marvin et al.: *Productive Workplaces Organizing and Mangig for Dignity, Meaning, and Community,* Jossey-Bass, Inc., San Francisco 1987

Weisbord, Marvin et al.: *Discovering Common Ground,* Berrett-Koehler Publishers, San Francisco 1992

Weisbord, Marvin/Janoff, Sandra: *Future Search – An Action Guide to Finding Common Ground in Organizations & Communities,* Berrett-Koehler, San Francisco 1995, 2000

Stichwortverzeichnis

Die Autorin

Gisela Hagemann, Diplom-Volkswirtin, hat eine langjährige internationale Erfahrung als Facilitator, Trainerin und Coach. Sie unterstützt Unternehmen bei der erfolgreichen Gestaltung von Veränderungsprozessen und der Konzeption und Durchführung von maßgeschneiderten Blended-Learning-Projekten.

Gisela Hagemanns erstes Buch „Die Hohe Schule der Motivation" wurde in 12 Ländern publiziert. Es folgten „Die Hohe Schule der Führung" und weitere Publikationen in norwegischer und englischer Sprache. Weitere Informationen:

Diplom-Volkswirtin
Gisela Hagemann

kontakt@gisela-hagemann.de
www.erfolgsmethoden.de